ROBERT ROHR

LEGA UND STENI

Ein Lernsystem zur Vermeidung oder Behebung der
Lese- und Rechtschreibschwäche (Legasthenie)

ROTTENBÜCHER VERLAG

Robert Rohr
Lega und Steni
Ein Lernsystem zur Vermeidung oder Behebung
der Lese- und Rechtschreibschwäche (Legasthenie)

Ebersberg 2010

Alle Rechte bei Rottenbücher Verlag, Ebersberg
1. Auflage 1979, Kipf & Sohn, Markt Berolzheim; W. Lühker GmbH, Weißenburg
2. verbesserte Auflage 2010, Rottenbücher Verlag, Ebersberg
ISBN 978-3-00-030848-2

Überarbeitung: Elisabeth Hamel
Herausgeberin: Elisabeth Hamel, Rottenbücher Verlag, Ebersberg
Layout, Konzept und Gestaltung: Maximilian Wust, www.maxmalt.de
Cover-Illustration: Maximilian Wust
Druck und Verarbeitung: Erdl Druck Medienhaus GmbH, Trostberg

Gedruckt auf holzfreiem, säurefreiem, alterungsbeständigem Papier.

Der Witwe Robert Rohrs danke ich für die Übertragung der Rechte.
Der Kauf des Buches berechtigt zur einmaligen Kopie der Abbildungen als Lehrmaterial.

Inhaltsverzeichnis

Die Geschichte dieses Werkes — **4**
Vorwort der Erstausgabe — **8**
Warum *LEGA* und *STENI*? — **10**
Der Anwendungsbereich — **11**
Das Prinzip — **12**
Arbeitshinweise — **14**
Besonderheiten — **18**
Die Lernstufen — **22**
Nebeneffekte dieser Lernmethode — **24**
Gliederung des praktischen Teils — **25**
Auflistung der Beispiele 01 – 24 — **26**
Auflistung der Beispiele 25 – 47 — **27**

Praktischer Teil — **28**

Die Geschichte dieses Werkes

Robert Rohr kannte ich von klein auf als Onkel Robbi, einen ehemaligen Kollegen meiner Mutter, die so wie Rohr eine herausragende Pädagogin war. Beide waren Banater Schwaben, die nach dem Krieg im Bayerischen Wald im Schuldienst standen. Als ich erwachsen war, interessierte ich mich für seine von meiner Mutter gerühmte Methode, Legasthenikern das Lesen und Schreiben beizubringen. Er überließ mir ein Exemplar seines Werkes, das in billigem Druck, damals noch im Schreibmaschinensatz in DIN A4 gefertigt war. Die Zeichnungen waren in ihrer Schematik uneinheitlich und wenig ansprechend. Er berichtete, dass er durch widrige Umstände kurzfristig doch nicht von der Regierung finanziell unterstützt wurde und sein Werk dadurch nicht die erhoffte Beachtung fand.

Nachdem ich nun mein eigenes Werk «*Das Werden der Völker in Europa*» mit viel Eigenkapital und großzügiger Unterstützung der Andrea von Braun Stiftung herausgegeben hatte, fiel mir immer wieder ein, dass dieser Onkel Robbi in den Siebzigern einfach nicht die Mittel aufbringen konnte, um das Werk mit besserer Aufmachung herauszugeben.

Durch Anraten meines Freundes Andreas Forster, der mir für Fragen der Werbung zur Seite steht, doch den Eigenverlag – damals für mein Werk ins Leben gerufen – auch für andere Autoren zu öffnen, entschloss ich mich, dieses Werk als zweites Buch meines kleinen Verlages in verbesserter Auflage herauszugeben. Der Text war über ein Leseprogramm vom Scanner ins Word zu importieren, und das wollte ich pro Tag mit je einer Seite ohne Zeitdruck durchführen. Doch schon bei der Überarbeitung der ersten Seite wurde ich erfasst von einer Begeisterung und konnte nicht mehr aufhören.

Der Autor Robert Rohr hat, wie mir seine Witwe berichtete, bereits als Schüler in Werschetz, im heutigen Serbien, anhand dieser Methode Lesen und Schreiben gelernt. Mit seinem pädagogischen Gespür und seiner herausragenden Begabung, Kindern mit Lernproblemen und psychischen Blockaden zu helfen, hat er ein Werk geschaffen, das in gleicher Weise die Lehrer an die Hand nimmt und ihnen zeigt, wie spielerisch leicht, ja unterhaltsam der Unterricht mit Kindern und sogar für Kinder mit Lernbehinderung sein kann. In seiner gesamten Lehrerzeit hat er bei Anwendung dieser Methode nicht *einen* Legastheniker in seinen Klassen gehabt. An seine Lernerfolge sollte wieder angeknüpft werden, frei von Theorien, Gesetzen und Meinungen.

Ohne unnötig komplizierte Beschreibungen des Lernvorgangs im menschlichen Gehirn und ohne den Gebrauch schwieriger Fremdwörter erklärt Rohr, wie unter Zuhilfenahme von weiteren Sinnen als Sehen und Hören das Gelernte über Assoziationen besser im Gedächtnis bleibt. Wenn mit einem Bild ein Laut und eine Handbewegung verknüpft werden, ist die Speicherung im Gehirn optimal. Das baut Rohr aus und nutzt diese Veranlagung des Menschen. Mehr muss man aber nicht wissen und kommt durch die Anleitungen Rohrs schnell zum Ziel. Lehrer werden manche Inhalte aus der Zeit ihrer Ausbildung kennen. Vielleicht waren es im Kleinen die guten Ideen, die da und dort aufgegriffen wurden. Aber in der Gesamtheit ist dieses Werk nicht zu übertreffen. Ein Dogma soll dieses Werk dennoch nicht sein. Vielmehr sei die Kreativität der Lehrer und Eltern angeregt.

Stilistisch habe ich das Werk nur geringfügig überarbeitet. Der Zeit entsprechend wurde z.B. *Gastarbeiterkinder* durch *Kinder mit Migrationshintergrund* ersetzt. Dass Rohr im Banat in Jugoslawien aufgewachsen war und seine Sprache eine etwas andere Prägung hatte, veranlasste mich zu ein paar Änderungen. Der allgemeine Sprachstil Rohrs aber war bereits so klar und schön, dass es keiner großen Politur bedurfte. Bewusst habe ich nicht die aktuelle Fachterminologie eingeführt. So versteht auch eine Mutter, die mit ihrem Kind übt, diese Anleitungen.

Da moderne Textverarbeitung heute viel besser Dinge hervorheben lässt als dies zu Zeiten der Schreibmaschine möglich war, habe ich diese Vorteile genutzt. Zeichnungen und Layout erbrachte Maximilian Wust mit viel Gespür für die Thematik.

Ich wünsche allen Interessenten viel Vergnügen beim Lesen. Den Lehrern wünsche ich neue praktische Einsichten in die Funktionen des Gehirns beim Vermitteln von Unterrichtsstoff und viel Erfolg beim Erproben dieser Methode. Auf der Homepage des Rottenbücher Verlags sind im Gästebuch Erfahrungsberichte willkommen.

Elisabeth Hamel
Herausgeberin

ROTTENBÜCHER VERLAG, EBERSBERG
www. Rottenbücher-Verlag .de

Vorwort der Erstausgabe

Im heurigen Jahr des Kindes (1979) dürften unseres Erachtens nicht allein Beteuerungen und Absichtserklärungen zählen, sondern Taten!

In diesem Sinne haben wir uns zu einer konkreten und aussichtsreichen Hilfe für einen bestimmten Personenkreis von Schülern entschlossen, der sich in einer echten Notlage befindet und mit seiner Problematik nicht zuletzt auch die Eltern, Schule und Öffentlichkeit belastet und beschäftigt. Wir meinen die sogenannten Legastheniker!

Wenn es allein in einem deutschen Bundesland mehr als 35.000 leserechtschreibschwache Schüler gibt, die an einem entsprechenden Förderunterricht teilnehmen dürfen, dann ist diese hohe Zahl für sich schon erschreckend genug. Wie viele Kinder mit den gleichen Lernschwierigkeiten zu kämpfen haben, jedoch keine zusätzlichen Hilfsmaßnahmen erfahren, wissen wir zwar nicht, es sind unseren Informationen nach auf jeden Fall wiederum Tausende.

Durch eine Medien-Aussendung zu diesem Problemfeld sind wir auf die als "Rohr-Methode" apostrophierten Arbeiten des Münchner Sonderschulrektors Robert Rohr aufmerksam geworden. Seine seit Jahren durchgeführten Erprobungen mit Volks- und Sonderschülern haben uns vor allem durch die erstaunlichen Erfolgsergebnisse überzeugt.

„‚LEGA und STENI', ein Lernsystem zur Vermeidung oder Behebung der Lese- und Rechtschreibschwäche (Legasthenie)" besitzt eine hohe Motivationskraft und basiert auf einfachsten lernpsychologischen Grunderkenntnissen. Bei richtiger und konsequenter Durchführung stellen sich in der Regel sehr rasch die für das Kind so dringend notwendigen Erfolgserlebnisse ein.

Der Verfasser gibt selber an, daß er nach einem ähnlichen Prinzip in seiner Volksschulzeit das Lesen und Schreiben erlernt hatte. Seine Frau, ebenfalls Sonderschullehrerin, hatte für ihre Arbeit mit geistig Behinderten einschlägige Erfahrungen einer anderen Schule in München übernommen, welche später auch Robert Rohr in seinen Unterricht mit einbezog.

So gesehen handelt es sich bei dem vorliegenden Lernsystem im Grunde um nichts Neues. Lediglich die Aufarbeitung in dieser Form, eine Reihe anders gestalteter Situationsgeschichten, mehrere neue Handzeichen, die Veranschaulichung mit Strichfiguren und die Ausweitung des Anwendungsbereichs für den Legastheniker-Unterricht stammen vom Autor. Und das ist sein Verdienst!

Hier ist sie also – die echte Hilfe für alle Lese- und Rechtschreibschwachen!

Markt Berolzheim, Der Verlag

Warum *LEGA* und *STENI*?

In der festen Überzeugung, dass die Legasthenie im Schulbereich eines Tages eine überwundene Episode sein wird, wurden für die tragenden Figuren der nachfolgenden Situationsgeschichten bewusst Namen konstruiert, deren Zungenschlag an das angesprochene Phänomen erinnert. Der Bub *LEGA* und das Mädchen *STENI* sind Geschwister. (An den Namen jedoch soll und darf die Absicht nicht scheitern. Wer will, kann die Kinder nennen wie er möchte.) Sie besuchen die Schule. Lesen und Rechtschreiben lernen sie nach einer Methode, welche es zum Auftreten von legasthenischen Erscheinungen erst gar nicht kommen lässt!

Legasthenie verhindern – das erfordert eine methodische Neubesinnung! Legasthenie beheben – das aber bedeutet, so hart es klingen mag, nochmals ganz von vorne anfangen; mit Methodenwechsel, versteht sich!

Mit Sicherheit wird es in den Schulen immer bei unterschiedlichen Leistungsergebnissen bleiben – in allen Fächern übrigens! Die zur Genüge bekannten Auswüchse der so genannten Lese- und Rechtschreibschwäche sind aber vermeidbar und die allgemeinen Lese- und Rechtschreibkenntnisse der Schüler können deutlich verbessert werden!

Der Anwendungsbereich

Dieses Lernsystem kann in Grundschulen und allen Förderschulen, aber auch noch in den Hauptschulen verwendet werden. Es ist keine Fibel. Aber wer sich die Mühe macht, den Unterrichtsfortgang entsprechend aufzubereiten und die für die Kinder erforderlichen Lese- und Übungsblätter selbst herzustellen, hat alsbald auch ein solches Werk in den Händen. Mit dem Vorteil allerdings, dass in seiner Klasse keine Legastheniker "entstehen" werden! Es handelt sich hier somit um ein Unterrichtswerk für Schüler nahezu aller Intelligenzgrade.

Hervorragend geeignet und in dieser Form schwergewichtig konzipiert ist es für den Förderunterricht von allen Schülern mit Lese- und Rechtschreibschwäche, aber ebenso für jene, die keine derartigen Probleme haben. Empfehlenswert ist es darüber hinaus auch für den Deutschunterricht bei Kindern mit Migrationshintergrund.

Das Prinzip

Beim Lesen und Schreiben kommt es darauf an, dass die auf uns einwirkenden optischen bzw. akustischen Reize sofort abrufbereite Laut- und Buchstabenvorstellungen wiedererwecken und in der richtigen Reihenfolge zur Reproduktion gelangen. Wo solche Vorstellungen nicht sicher gespeichert sind, kommt kein flüssiges Lesen und kein *rechtes* Schreiben, *Rechtschreiben* zustande!

ABC-Schützen begegnen in der Schule, obwohl sie heutzutage schon durch die Medien unentwegt vorbildliche Sprachmuster empfangen, trotzdem in der Hochsprache häufig praktisch etwas Neuem. Die Bedeutung der akustischen Vorbilder allein wird für den Lernerwerb ohnedies weitgehend überschätzt. Dazu kommt, dass viele Kinder im Alltag fast nur die Mundart bzw. die Umgangssprache gebrauchen.

Genauso verhält es sich mit dem oftmals übermäßigen Fernsehkonsum, bei dem die Kinder auch "sprachlos" werden können. In einigen Familien wird dann eben wenig miteinander kommuniziert, da der Fernseher Mittelpunkt des Familiengeschehens ist.

Das Lernsystem *LEGA und STENI* baut daher die Sprache schrittweise vom Fundament auf: Nach jeder **Lautgewinnung** wird sofort das dazugehörige graphische Zeichen, der **Buchstabe,** erarbeitet. Bereits nach dem zweiten erlernten Buchstaben erfolgt die erste **Synthese.** Zur optimalen Sicherung von Buchstabenvorstellungen werden möglichst alle Sinne unter der prinzipiellen Einbeziehung der **Motorik** beteiligt!

Hören – Sehen – Sprechen – Zeigen (Handzeichen bzw. Lautgebärden)

gewährleisten Assoziationen, die bei der Differenziertheit der Auffassungsfähigkeiten der Schüler (visuell, akustisch oder motorisch) *auf jeden Fall zu einer gesicherten Speicherung des Gelernten führen.*

Arbeitshinweise

Die **Situationsgeschichten** sind bewusst einfach gehalten, dem Erlebnis- und Erfahrungsbereich der Kinder entnommen und in diesem Lehrgang nur kurz skizziert. Sie wirken jedoch außerordentlich motivierend und sollten dem Alter, der Aufnahmefähigkeit und den Bedürfnissen der zu behandelnden Schüler angepasst werden; d.h., sie können ausführlicher gebracht oder aber auch gespielt werden. Außer den beiden Kindern LEGA und STENI, die stets im Mittelpunkt stehen, kommen zuweilen noch die Mutter, der Vater, der Opa, der Lehrer, ein Freund und einige Tiere als mitwirkende Figuren vor.

Während eine Situationsgeschichte erzählt und besprochen wird, soll zugleich die entsprechende (mit Magnet- oder Haftelementen versehene) **Bildtafel** deutlich sichtbar im Raum angebracht werden. Diese Hafttafeln beschränken sich ebenfalls nur auf das Wesentlichste der dargebotenen Geschichte und begünstigen durch die Schlichtheit der Darstellung ihre optische Einprägung.

Im Mittelpunkt der Arbeit mit einer jeden solchen Geschichte steht eine **Lautgewinnung**. Dabei sollte unbedingt (am besten vor einem Spiegel) auf die richtige Stellung und Funktion der "Artikulationswerkzeuge" geachtet werden. Gleichzeitig wird der zu dem gewonnenen Laut benötigte Buchstabe erarbeitet und (mit wieder löschbarem farbigem Schreibgerät) an der auf der Bildtafel vorbereiteten Markierung deutlich und einprägsam festgehalten.

Im Zuge dieser Arbeiten muss unabdingbar auch das zu dem Laut und Buchstaben sinnvoll dazupassende **Handzeichen** eingeführt und bei einer jeden Artikulation immer gleichzeitig gezeigt werden; sowohl vom Lehrer als auch insbesondere von den Lernenden.

Zur Wiederholung und Festigung des Gelernten gibt der Lehrer schließlich die Bildtafeln für die Hand der Schüler aus, auf welchen nunmehr diese nach Wiederholung all der geschilderten Schritte selbst den neuen Buchstaben farbig (mehrfarbig) fixieren.

Hören und bildhafte Betrachtung der Geschichte

die akustische Wahrnehmung des Lautes

das Sehen der Buchstabenfixierung durch den Lehrer

die Ausführung der Lautgebärde (Handzeichen)

das gleichzeitige Mitsprechen und das eigene Schreiben

Das alles führt zur Bildung von optimalen **Assoziationen**. Auf diese Assoziationen kann bei den Bemühungen um Herstellung absolut gesicherter Laut- und Buchstabenvorstellungen im Grunde keine Methode verzichten. Das Lernsystem *LEGA und STENI* vermeidet dabei alle Umwege und steuert konsequent den Aufbau von den Grundlagen her an. Die **Synthesen** sind das eigentliche Lesen und Schreiben und beginnen, wie schon angedeutet, bereits nach dem zweiten erlernten Laut bzw. Buchstaben. Dabei ist unbedingt darauf zu achten, dass der erste Laut **ausgehalten** wird, solange man das entsprechende Handzeichen zeigt und dann ohne Unterbrechung in den nächsten Laut übergeht, wenn das andere Handzeichen folgt. Es muss beispielsweise heißen: "mmmaaammmaaa" und nicht etwa "m – a – m – a". Hier heißt es, geduldig das richtige synthetische **Ineinanderfließen** oder **Zusammenschleifen** zu üben und endlich zu erreichen.

Der Lernfortschritt richtet sich ausschließlich nach der zuverlässigen Festigung des Erreichten gemäß den dargelegten Prinzipien. Dabei spricht der Lehrer selbst vorbildlich und verlangt von den Schülern eine ebenso laute, klare und deutliche Aussprache.

Er soll aber auch auf die richtige Ausführung der grafischen Schriftformen achten. Das relativ große, auf alle Fälle gut gegliederte Schreiben erhöht die optische Prägnanz. Dieser Gesichtspunkt wird noch begünstigt, wenn man besonders anfangs nur in einer jeden zweiten Zeile schreiben und neue Sätze grundsätzlich in einer neuen Heftzeile beginnen lässt. Aus mehreren Buchstaben bestehende Laute sollten zumindest für eine gewisse Zeit durch Bindebogen oder Einkreisen hervorgehoben werden:

Besonderheiten

Ob Schulanfänger mit Druckbuchstaben oder mit der Schreibschrift beginnen, entscheidet der Lehrer; dieses Lernsystem erlaubt eine sehr flexible Anwendung. Ebenfalls ist es in den Anfängerklassen dem Lehrer überlassen, ob er zu den Kleinbuchstaben gleichzeitig die Großbuchstaben einführt.

In allen Bereichen ist es jedoch eine motorisch assoziierbare Hilfe, wenn bei einem groß geschriebenen Wort der Lehrer und auch die Schüler zuvor kurz einen Arm ausgestreckt hochheben, wie hier abgebildet.

Wenn es angebracht erscheint, z. B. bei Schülern mit relativ langsamen Fortschritten, können einige Hilfssymbole erarbeitet und verwendet werden, um möglichst früh auch schon mit einfachen Sätzen Übungen anzubieten, beispielsweise für den Artikel.

Beim Zusammentreffen von zwei gleichen Lauten in einem Wort, die jedoch keine eigentlichen Doppellaute darstellen z. B. bei *verraten*, darf keinesfalls das Handzeichen für *rr* verwendet werden; nachdem der Reihe nach die Vorsilbe *ver-* gezeigt worden ist, verharrt der das *r* zeigende Finger kurz in der Luft und zeigt dann nochmals ein *r*. Anschließend zeigt der Finger die weiteren **Gesten** für das restliche Wort *-aten*. Zu beachten sind auch die Fälle, wo das *ie* kein Dehnungs-*i* darstellt, sondern als *i* und *e* gesprochen bzw. gelesen werden muss, z. B. bei *Lilie*. Hier darf nicht das *ie* gezeigt werden, sondern ein *i* und daraufhin ein *e*.

Beim *Zusammenschleifen* von stimmlosen und stimmhaften Lauten, z. B. im Wort *Garten* ist zu empfehlen: *g* wird gezeigt und lautiert, und wenn das nachfolgende *a* gestisch dargestellt wird, nochmals (ohne erneutes Darstellen) gesprochen also *ga*. Ist das *t* erreicht, kann analog verfahren werden oder man unterbricht bei *gart* ganz kurz und artikuliert weiter das *e* und *n*. Auf jeden Fall sollte immer, wenn ein Wort mit Unterstützung der Handzeichen **durchartikuliert** worden ist, dieses **sofort flüssig noch einmal, und jetzt ohne mitzuzeigen, gesprochen werden.**

Bei der Arbeit mit gut begreifenden Schülern, z. B. in der Legastheniker-Förderung, könnten die Geschlechtswörter *der*, *die*, *das*, vielleicht auch *ein*, *eine*, aber auch *und*, *ist* und *sind*, als **Ganzwörter** gleich mit in die Arbeit einbezogen werden, um möglichst bald ein breiteres Übungsangebot zur Hand zu haben. Solange anfangs nur wenige Buchstaben zur Verfügung stehen, so dass noch keine sinnvollen Ansagen gestaltet werden können (nach dem *m*, *a*, *o* und *i*), kann man sich sehr gut mit einfachen ergänzenden Zeichnungen behelfen, die auch die Kinder ausführen sollen. Das wären z.B.: Auto, Tisch, Baum, Haus, Fenster, Schrank usw. Mit einem jeden neu hinzukommenden Buchstaben beginnt sich allerdings der Umfang des Übungsangebotes zu steigern, und die Symbole werden immer weniger notwendig.

Die Lernstufen

Da die Kinder durch die Einführung von Handzeichen zugleich eine **Geheimsprache** lernen, was ihnen in aller Regel großen Spaß macht, sollten die nachfolgenden Arbeitsschritte beachtet werden:

Zunächst zeigt der Lehrer anhand der Gesten alle zum Schreiben angesagten Wörter, und die Schüler folgen seinem Beispiel. Im ersten Schritt sprechen sie und zeigen zugleich. Im zweiten Schritt schreiben sie. Anfangs sollte auf diese Weise Wort für Wort diktiert werden, später können zwei oder drei Wörter nacheinander angesagt werden, bis schließlich kurze Sätze, dann Satzteile später Sätze diktiert werden können.

Bei Feststellung entsprechend gesicherter Fortschritte kann der Lehrer versuchen, Wörter usw. lediglich anzusagen, worauf die Schüler die Ansage unter Mitzeigen wiederholen und dann niederschreiben.

Wenn der Lehrer den richtigen Zeitpunkt für gekommen erachtet, kann er die Schüler ermuntern, im Diktat auftretende einfache, längst gesicherte Wörter nicht mehr mitzuzeigen, sondern sofort flüssig niederzuschreiben. Das **Endziel** muss natürlich darin zu sehen sein, dass die Kinder in die Lage versetzt werden, beim Rechtschreiben mit der rein akustischen Wahrnehmung und Vorstellung auszukommen. Bis dorthin führt freilich in hartnäckigen Fällen manchmal ein weiter Weg.

Für das Lesen gilt das oben Gesagte analog, dabei sollte zunächst ein jedes Wort mit Unterstützung der Handzeichen erlesen und dann sofort flüssig im Zusammenhang wiederholt werden. Auch das Lesen ganzer Sätze muss so lange auf diese Weise geübt werden, bis am Ende die optische Wahrnehmung der Vorlage zur richtigen reproduzierenden Leistung ausreicht. Über den schrittweisen Abbau des Mitzeigens, der keinesfalls voreilig geschehen darf, entscheidet der Lehrer. Nach dem Abschluss dieses Lehrgangs sind gezielte Rechtschreibübungen empfehlenswert, wie: Dehnung, Schärfung, ähnlich klingende Laute, Wortbildungen mit Vorsilben usw.

Nebeneffekte dieser Lernmethode

Das Lernsystem *LEGA und STENI* ist ausschließlich für die tägliche Praxis gedacht. Es wird daher bewusst auf tiefschürfende theoretische Erörterungen zum Fragenkomplex der Legasthenie verzichtet. Nur die Arbeit mit den in Schwierigkeiten geratenen Kindern bringt Hilfe. Es darf aber nicht verschwiegen werden, dass die in den Jahren der Versuche beobachteten großen Erfolge auch hoch interessante therapeutische Nebeneffekte erkennen ließen. Gerade das Einbeziehen der körpermotorischen Komponenten in den Verknüpfungsprozess zum sicheren Behalten von Lernergebnissen, also die Arbeit mit Handzeichen, führt zu einer wesentlichen Verbesserung der **Konzentrationsfähigkeit**.

Wenn es auch wünschenswert wäre, möglichst täglich nach diesem System zu lernen, so sollte zumindest in der ersten Zeit jede Überforderung vermieden werden. Das **Durchhaltevermögen** der Kinder erhöht sich jedoch nach einiger Zeit der Gewöhnung an die Handzeichenarbeit oft ganz erstaunlich.

Nicht zuletzt habe ich eine wesentlich verbesserte **Lernbereitschaft** der betreuten Schüler im Allgemeinen als Ergebnis des Sprachtrainings nach der vorliegenden Methode beobachtet.

Gliederung des praktischen Teils

Es sei bemerkt, dass nach der Vorstellung der einzuführenden Laute und Buchstaben bzw. Zeichen immer folgende Reihenfolge zu beachten ist:

- die Abbildung der Handlungseinheit (Situationsgeschichte)
- der Text der Geschichte
- darunter ein Vorschlag für eine günstige Buchstabenmarkierung
- die Erläuterung des Handzeichens
- eine zeichnerische Darstellung der Lautgebärde

In der auf der nächsten Seite folgenden Tabelle sind jeweils die entsprechenden Übungsvorschläge zu finden. Diese können natürlich beliebig variiert, verändert, ergänzt, verkürzt oder erweitert werden.

Besonders betont werden muss, dass dieses für weitgefächerte Schülerbedürfnisse angelegte Lernsystem oft nur Anregungen enthalten kann und bei der Vorbereitung der Lehrerarbeit eine erhöhte Flexibilität und Kreativität erfordert. Die **Sonderzeichen** in der Tabelle bewähren sich sehr gut, sollen aber nur bei entsprechend begabten Schülern eingeführt werden. Ansonsten genügt es, wenn man die einschlägigen Übungen durchführt und buchstabenweise zeigen lässt.

Einzuführende Laute (Buchstaben bzw. Handzeichen) in der folgenden empfohlenen Reihenfolge:

Gliederung des praktischen Teils

Seite	Laufende Nr.	das ABC	übrige Laute	Sonderzeichen
30	1	m (mm)	–	–
31	2	a (aa)	–	–
34	3	o (oo)	–	–
36	4	i	–	–
38	5	n (nn)	–	–
40	6	l (ll)	–	–
42	7	e (ee)	–	–
44	8	–	ei	–
46	9	r (rr)	–	–
48	10	h	–	–
50	11	s	–	–
52	12	–	ss	–
54	13	–	ß	–
56	14	u	–	–
58	15	–	sch	–
60	16	d (dd)	–	–
62	17	t (tt)	–	–
64	18	–	–	st
66	19	–	–	str
68	20	–	ie	–
70	21	b (bb)	–	–
72	22	p (pp)	–	–
74	23	–	–	sp
76	24	–	–	spr

Gliederung des praktischen Teils

Seite	Laufende Nr.	das ABC	übrige Laute	Sonderzeichen
78	25	–	ä	–
80	26	–	ö	–
82	27	–	ü	–
84	28	–	ch	–
86	29	–	au	–
88	30	–	äu	–
90	31	g (gg)	–	–
92	32	k	–	–
94	33	–	ck	–
96	34	f (ff)	–	–
98	35	–	–	pf
100	36	–	–	mpf
102	37	–	eu	–
104	38	v	–	–
106	39	w	–	–
108	40	j	–	–
110	41	z (zz)	–	–
112	42	–	–	tz
114	43	–	–	tzt
116	44	x	–	–
118	45	qu	–	–
120	46	c	–	–
122	47	y	–	–

Der praktische Teil

M

LEGA hat Geburtstag. Als er am Nachmittag vom Spielen nach Hause kommt, sieht er auf dem fein gedeckten Tisch einen Gugelhupf und eine Tasse Kakao. Seine Mutter und *STENI* kommen, um ihm zu gratulieren. *LEGA* schmeckt es gut. Er macht immer wieder „**mmm, mmm, mmm**" und streicht mit seiner Hand kreisend über den Bauch.

Aus der Kuchenform wird der Buchstabe *m* herausentwickelt und farbig markiert. Das dazugehörige Handzeichen: **Die rechte Hand kreist über den Bauch. Bei *mm* streichen beide Hände über den Bauch.**

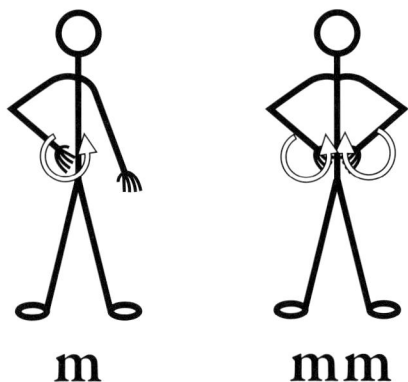

m   mm

A

LEGA kommt wieder einmal vom Spielen nach Hause. Er hat Hunger und möchte, bevor es das Abendessen gibt, noch eine Kleinigkeit essen. Die Mutter geht in die Küche und bringt ihm etwas. *LEGA* streckt entgegennehmend die Hand aus und ruft erfreut: „**Aaa – ein Apfel**"!

Aus der Form des Apfels wird der Buchstabe **a** farbig herausgenommen. Das dazugehörige Handzeichen: **Die rechte Hand entgegennehmend ausstrecken. Bei** *aa* **werden beiden Hände entsprechend ausgestreckt.**

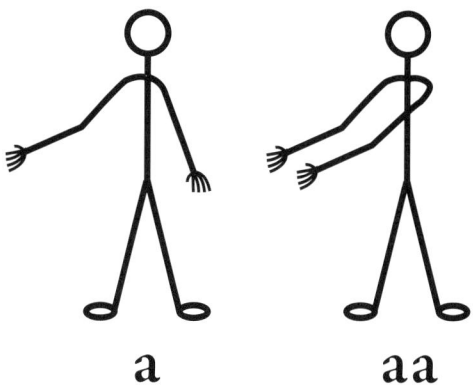

a   aa

Übungsbeispiele:

Nun werden die beiden gelernten Buchstaben, ihre Laute und Handbewegungen eingeübt. Für noch nicht gelernte Wörter behelfen wir uns ihrer Abbildungen.

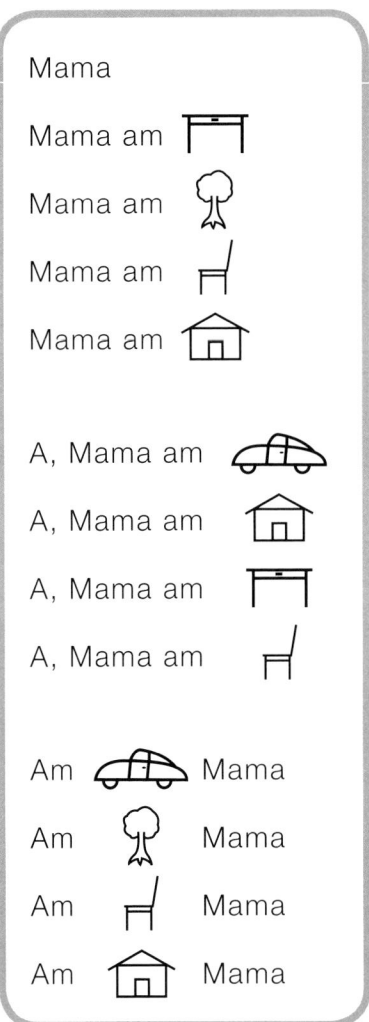

O

LEGA und *STENI* spielen mit ihrem Ball auf der Straße, was sie ja eigentlich nicht sollten. Da! *LEGA* schießt den Ball in Richtung *STENI*, doch er hat sich verrechnet, und dieser fliegt in das Schaufenster eines Geschäfts. Voller Schreck und Entsetzen fährt sich *STENI* mit der Hand vor den Mund, und sie schreit: „**Ooo, jetzt ist die Scheibe kaputt!**"

Aus der Rundung des Balles in der Fensterscheibe entwickeln wir den Buchstaben **o**. Das dazugehörige Handzeichen: **Die leicht geöffnete rechte Faust wird vor den gerundeten Mund gelegt.** Für **oo** beide Fäuste vor den Mund halten.

o oo

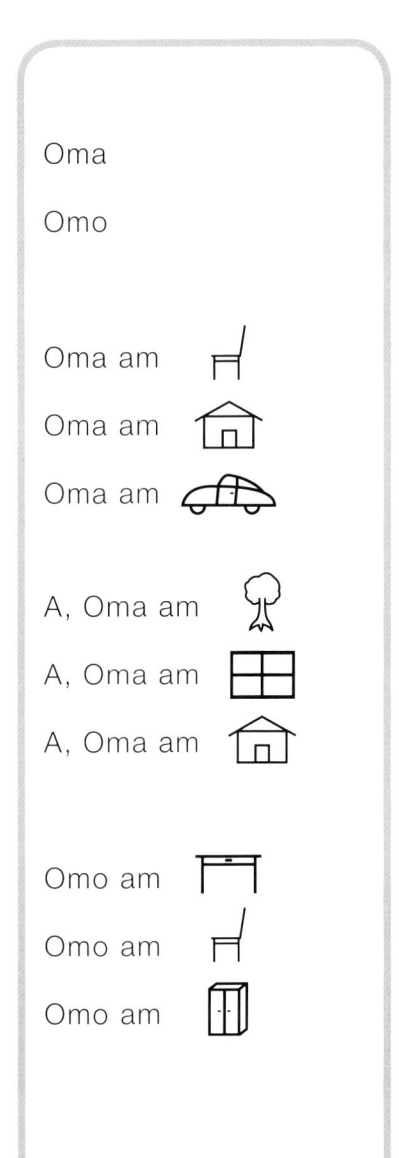

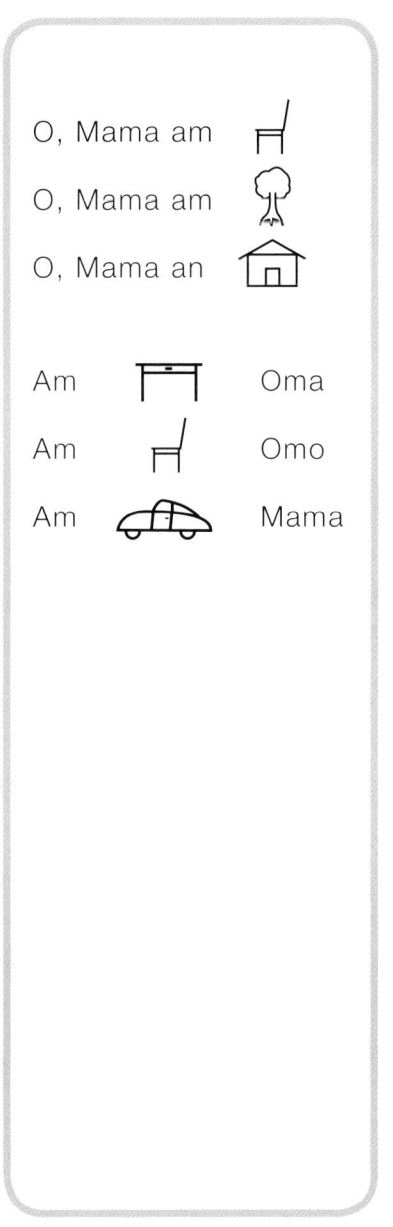

Übungsbeispiele:

Oma

Omo

Oma am 🪑

Oma am 🏠

Oma am 🚗

A, Oma am 🌳

A, Oma am 🪟

A, Oma am 🏠

Omo am 🪑

Omo am 🪑

Omo am 🗄️

O, Mama am 🪑

O, Mama am 🌳

O, Mama an 🏠

Am 🪑   Oma

Am 🪑   Omo

Am 🚗   Mama

I   4

Der Unterricht hat begonnen. Der Lehrer fragt: „Wer hat für heute seine Hausaufgabe besonders schön gemacht?" *LEGA* meldet sich sofort mit hochgehobener Hand und ruft (im bairischen Dialekt): "**Iii!**".

Der Buchstabe *i* entsteht aus der Form des ausgestreckten Zeigefingers. Das dazugehörige Handzeichen: **Die rechte Hand, zur Faust geschlossen, ist hochgehoben, der Zeigefinger ausgestreckt.**

i

Übungsbeispiele:

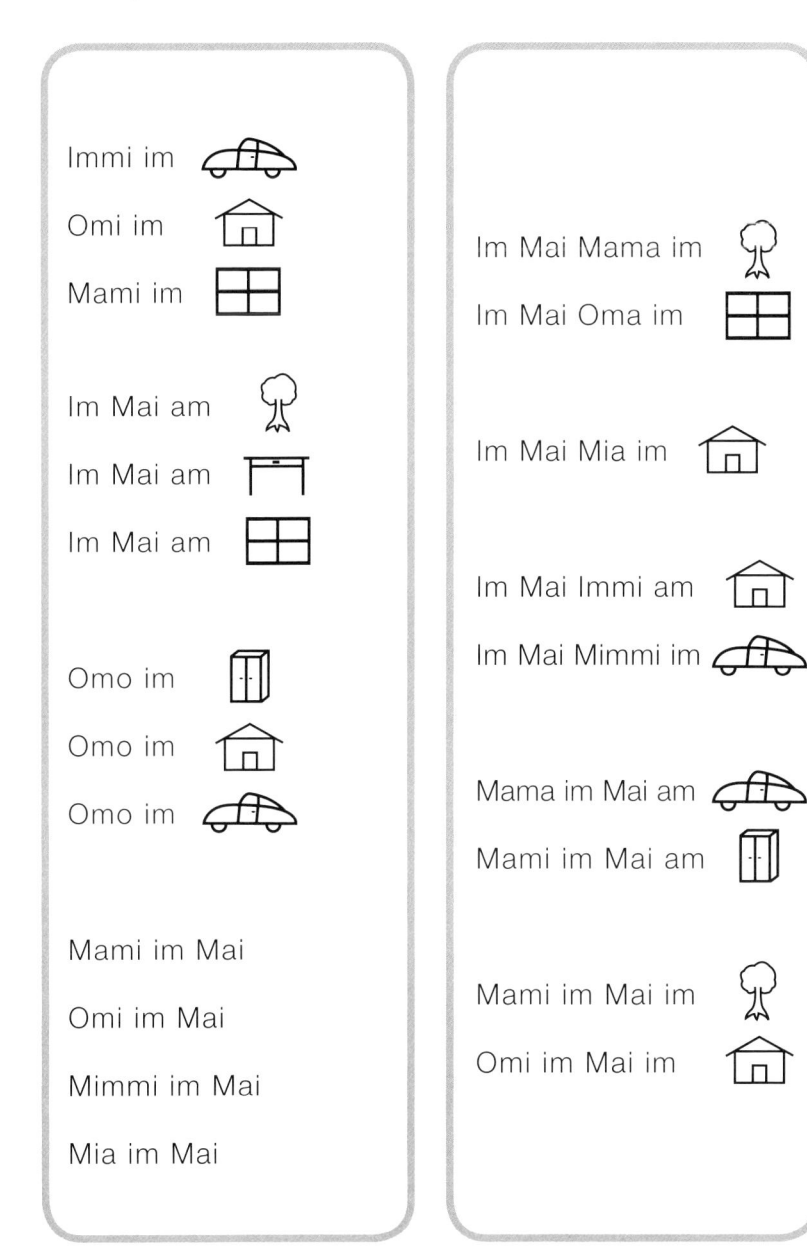

Immi im 🚗
Omi im 🏠
Mami im 🪟

Im Mai am 🌳
Im Mai am 🪑
Im Mai am 🪟

Omo im 🚪
Omo im 🏠
Omo im 🚗

Mami im Mai

Omi im Mai

Mimmi im Mai

Mia im Mai

Im Mai Mama im 🌳
Im Mai Oma im 🪟

Im Mai Mia im 🏠

Im Mai Immi am 🏠
Im Mai Mimmi im 🚗

Mama im Mai am 🚗
Mami im Mai am 🚪

Mami im Mai im 🌳
Omi im Mai im 🏠

N

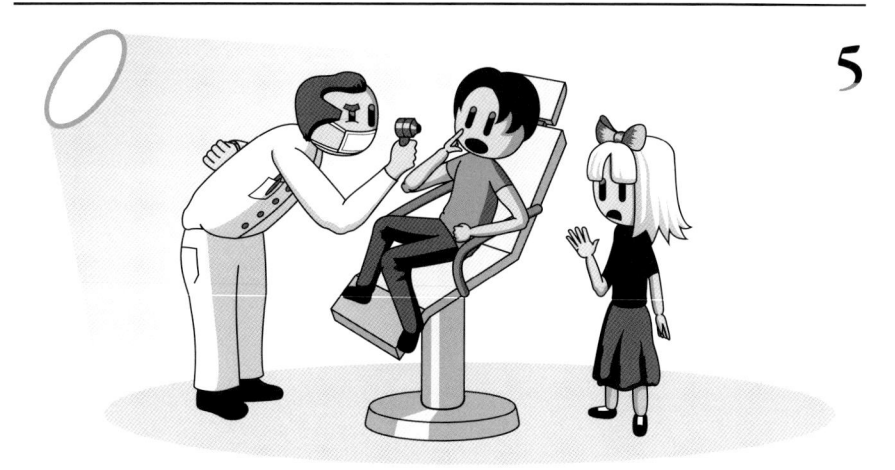

LEGA hat Zahnweh. *STENI* begleitet ihn zum Zahnarzt. Der Doktor schaut in den Mund und sucht mit seinem Spiegel den schlechten Zahn. Er fragt: „Wo tut's denn weh?" *LEGA* hat den Mund geöffnet, deutet mit dem Zeigefinger neben dem Nasenflügel auf den Oberkiefer und bringt nur mehr heraus: „**Nnn**"!

Die Armlehne bietet sich an, den Buchstaben **n** zu formen. Das dazugehörige Handzeichen: **Der rechte Zeigefinger wird zwischen Nasenflügel und Oberkiefer gelegt.** Bei *nn* dasselbe mit beiden Zeigefingern.

n nn

Übungsbeispiele:

Nina im Mai

Nani im Mai

Noni im Mai

Oma an Mama

Mami an Oma

Ina an Nina

Am Inn

Im Mai am Inn

Mami am Inn

Oma am Inn

Im Main

Mama im Main

Ina im Main

Nani im Main

Mann am Main

Im Mai am Inn

Im Mai am Main

Mama im Mai im Inn

Ina, nimm Omo!

Nina, nimm Omo!

Minna, nimm Omo!

Anna, nimm Omo!

Anni, nimm Omo!

L

6

Der Opa war an einem Nachmittag mit den beiden Kindern im Wald spazieren gegangen. Als sie müde wurden, kehrten sie in einer Wirtschaft ein. Nachdem der Opa vergeblich versucht hatte, seinen Spazierstock an den Kleiderhaken zu hängen, lehnte er ihn schließlich an die Wand. Als das *STENI* sieht, ruft sie *LEGA* zu: „Schau, was dort an der Wand steht, das haben wir in der Schule schon gelernt – ein **111**"!

Aus dem an die Wand gelehnten Spazierstock wird mit Farbe das *l*. Das dazugehörige Handzeichen: **Mit der Hand eine umgedrehte Spazierstock-Form in der Luft zeichnen**, bei *ll* mit beiden Händen. Wenn man vor den Kindern steht, den Spazierstock spiegelbildlich in die Luft zeichnen.

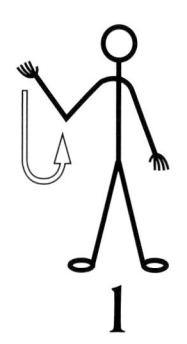

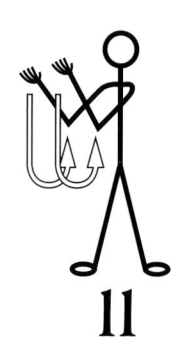

l   **ll**

Übungsbeispiele:

Loni im Mai
Lola am Inn

Lina am Main
Am Nil
Ali am Nil

Milan am Nil
1 Limo an Mami
1 Limo an Oma

1 Limo an Nina
1 Lamm am Nil

1 Lamm am Main
1 Lamm in Milano

Molli im Mai
Milli im Mai

Liana im Mai

1 Lama in Lima

1 Mann in Manila
1 Mann in Naila

Alma im Mai am Nil
Anni im Mai in Naila
Milli im Mai in Mali

Nimm mal Mami 1 Limo!
Nimm mal am Nil 1 Lamm!
Nimm mal in Lima 1 Lama!

Milli, nimm mal Loni 1 €!

Molli, nimm mal Lina
1 Limo!

Lina, nimm mal Milan
1 Lamm!

1 Mann im All
1 Million € an Ali

1 Million € in Milano

E

7

LEGA und *STENI* gehen spazieren. Aus Übermut rempelt Steni ihren Bruder, übersieht ein Loch im Boden und fällt hin. *LEGA* sieht das und neckt seine Schwester, indem er sich mit dem einen Zeigefinger über den anderen streicht und schadenfroh „eee" ruft.

> Über die gekreuzten Zeigefinger wird in Farbe das **e** geschrieben. Das dazugehörige Handzeichen: **Der rechte ausgestreckte Zeigefinger streicht über den linken ausgestreckten Zeigefinger**, bei **ee** streichen der Zeige- und Mittelfinger der rechten Hand über den Zeigefinger der linken Hand.

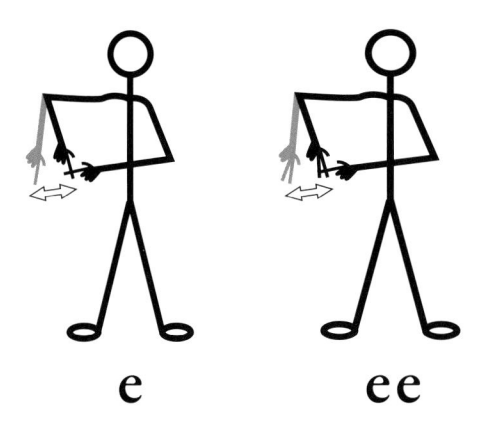

e　　ee

Übungsbeispiele:

Emil, male!
Emil, male 1 Lamm!
Emil, male am Inn!

Alle malen.
Alle malen 1 Lama.
Alle malen 1 Lamm.

Elli, nimm 1 Limo!
Nelli, nimm 1 Lamm!
Leo, nimm 1 Melone!

Alle malen Nonnen.
Alle malen Melonen.
Alle malen Elli.

Nimm allen 1 Limo!
Nimm allen 1 Linnen!
Nimm allen 1 Melone!

Im Mai malen alle am Inn 1 Lamm.

Im Mai malen alle in Lima 1 Lama.

Im Mai malen alle in Milano Nonnen.

Alle lallen.

Lila Lilien
Male Lilien!
Male lila Lilien!
Male im Mai lila Lilien!

Lila Lilien in Miami
Lila Lilien in Lima
Lila Lilien in Milano

Nimm mal Lianen!
Male Lianen!
Alle malen Lianen.

Am Main malen alle lila Lilien.
Im Mai malen alle lila Lilien.

In Milano malen alle Nonnen lila Lilien.

Ei

8

Die Kinder haben in der Schule die Zwischenzeugnisse bekommen. Die Mutter hat sie durchgelesen und war sehr zufrieden. Auf einem Tisch hatte sie für *LEGA* und *STENI* bereits Überraschungen vorbereitet. Für jedes Kind gab es ein Videospiel und Naschereien. Hocherfreut streichelt die Mutter den beiden zärtlich über die Wange und sagt dabei: „**Ei**"!

Das *ei* kann aus der Kopfform von Lega entwickelt werden. Das dazugehörige Handzeichen: **Die flache Hand streicht über die Wange**.

ei

Übungsbeispiele:

Ein Ei
Ein lila Ei

Nimm ein lila Ei!
Nimm allen ein Ei!
Nimm allen ein lila Ei!

Ein Mann in Eile
Meine Mama in Eile
Meine Omi in Eile

Ein Mann am Main
Ein Lamm am Nil
Ein Lama in Lima

Alle eilen.
Alle eilen eine Meile.
Eine Meile eilen

Nenne meinen Namen!
Nenne einen Namen!

Nenne alle Namen!

Nimm ein Leinen!
Nimm eine Liane!
Nimm ein Limo!

Male einen Mann!
Male eine Lilie!
Male ein Lamm!

Alle nennen meinen Namen.

Nenne alle meine Namen!

Am Inn eilen im Mai alle eine Meile.

In Naila eilen im Mai alle eine Meile.

Am Main malen im Mai alle eine lila Lilie.

R

9

LEGA und *STENI* dürfen am Nachmittag im Freien mit dem Ball spielen. Da fliegt er ihnen plötzlich in den Vorgarten eines Hauses. Sie wollen hineingehen und den Ball holen. Aber um die Ecke kommt ein Hund herangelaufen. Er wedelt heftig mit dem Schwanz und knurrt böse: „**Rrr**"!

Das *r* kann auf dem Schwanz des Hundes dargestellt werden. Das dazugehörige Handzeichen: **Mit dem ausgestreckten Zeigefinger hin- und her-„wedeln"**, bei *rr* dasselbe mit beiden ausgestreckten Zeigefingern.

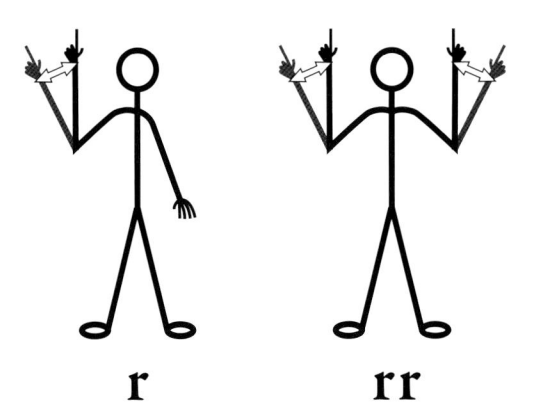

r   rr

Übungsbeispiele:

Ronni, nimm Rama!

Reiner in Rom
Relli, nimm ein Limo!

Ein Roller
Mein Roller
Alle Roller rollen.

Nora am lila Roller
Maria im Mai am Roller
Marlene immer am Roller

Ein Eimer
Ein lila Ei im Eimer
Male mir ein Ei im Eimer!

Lore am Meer
Nora am Meer
Reiner am Meer

Erna im Moor
Relli im Moor

Maria im Moor

Alle rennen.
Alle rennen am Roller.
Nimmer am Roller rennen

Alle Eimer rinnen
Eier im Eimer
Alle Eier im lila Eimer

Nimm alle Eier in
einem Eimer!

Leere Eimer
Ein leerer Eimer
Nimm einen leeren Eimer!

Eine Leier
Leinen in einer Rolle
Alle Maler malen lila Eier.

In Meran malen alle
eine Lilie.

H

10

Eines Morgens ist es recht kalt. Die Kinder müssen zur Schule gehen. Vergeblich sagt die Mutter, dass sie Handschuhe mitnehmen sollen. Als *LEGA* und *STENI* in das Klassenzimmer kommen, haben sie steife Hände. Sie eilen an die Heizung, halten ihre Hände hin und dann vor das Gesicht und hauchen hinein: „**Hhhhh**".

Das *h* lässt sich in die Rippen des Heizkörpers einzeichnen. Das dazugehörige Handzeichen: Beide ausgestreckten Hände vor den Mund halten.

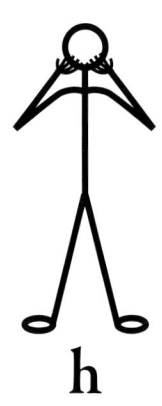

h

Übungsbeispiele:

Heini in Meran
Helene am Roller
Hanna im Inn

Hole mir eine Limo!
Hole mir eine Lilie!
Hole mir eine Liane!

Ein Mann in einer Halle
Eine Henne in Eile
Male einen Hammer!

Rehe rennen.
Rohe Eier im Eimer
Lore nahe am Meer

Am hohen Himmel
Ein heller Himmel
Eine Reihe Lilien

Ein Herr in Eile
Hermann, eine Limo her!
Ein Hammel im Moor

Nimm einen Hammer!
Alle nehmen ein Ei.
Alle nehmen einen Eimer.

Ein Mann ohne Haare
Ein Herr ohne Eile
Helena ohne Limo

Er nahm ein Ei.
Er nahm ein Limo.
Er nahm alle Hennen.

Alle holen eine Rolle Leinen her.

Alle holen mir einen Hammer her.

Alle holen ohne Eile alle leeren Eimer her.

Hallo Hanni, male einen Hammel!

Hallo Hermine, male eine lila Lilie!

Hallo Heini, renne einmal am Roller!

Nimm ihm ein Limo!
Nimm ihr eine Henne!
Nimm ihn in eine Halle!

S

11

LEGA bekommt eines Tages einen neuen Anorak. Er ist außer sich vor Freude. Immer wieder probiert er den Reißverschluss aus. Dann läuft er begeistert zu seiner Schwester und sagt zu ihr: „Hör mal, wie mein neuer Reißverschluss *s* macht!"

In den unteren Schrankteil lässt sich das **s** einprägsam einzeichnen. Das dazugehörige Handzeichen: Die geschlossenen Finger der rechten Hand machen die Bewegung wie beim Öffnen des Reißverschlusses nach (entlang der Brust von oben nach unten bewegen).

S

Übungsbeispiele:

Im Sommer am Meer
Eine Sonne am Himmel
Hole mir ein Seil!

Ein Hase am Rasen
Resi am Esel
Eine rosa Rose holen

Alle reisen ans Meer.
Hans soll alles holen.
Eis im Eimer

Alle sollen lesen lernen.
Alle sollen malen lernen.
Alle sollen rollen lernen.

Nimm ihm eine Semmel!
Nimm ihr eine Salami!

Nimm meiner Mama
eine Rose!

Alle Nasen rinnen.
Am Roller rasen alle.
Alle lesen im Saal.

Eisen am Hammer
Eis im Eismeer
Ein Esel in Rosenheim

Er soll seine Hose holen.
Einer soll Sahne holen.

Sein Sohn soll mir
einen Hammer holen.

Im Sommer reisen alle
immer ans Meer.

In einer Halle sollen
alle immer leise sein.

Im Salon nehmen
alle immer ein Eis.

Resi soll im Saal sein.
Hasen eilen sehr.
Man soll immer lernen.

Einer soll mir mehrere
Lose holen.
Ilse im Moos
Elsa im Moor

ss

12

Ein paar Tage später bekommt auch *STENI* einen neuen Anorak. Sie ist begeistert. Durch den Griff zum Reißverschluss zieht sie ein buntes Band und knüpft daraus eine schöne Masche. Dann zieht sie den Verschluss mit beiden Händen kräftig auf, dass es kräftig „ss" macht. *LEGA* staunt, als ihm seine Schwester das vormacht.

Das **ss** kann unter der Garderobe gut markiert werden. Das dazugehörige Handzeichen: **Die geschlossenen Finger beider Hände machen die Bewegung wie beim Öffnen des Reißverschlusses nach** (entlang der Brust von oben nach unten bewegen).

ss

Übungsbeispiele:

Alle essen ein Eis.
Alle essen Melonen.
Alle essen eine Salami.

Am Rasen rennen Rosse.

Rosse rennen in eine Halle.

Alle Rosse rennen am nassen Rasen.

Sissi soll mir ein Messer holen.

Hole ein Messer her!

Nimm einmal ein Messer!

Hole mir einen Sessel!

Omi im Sessel
Mama im Sessel

Man soll alle leise lesen lassen.

Man soll alles lernen lassen.

Man soll alles ansehen lassen.

Risse im Eimer

Risse in meiner Hose

Risse im Leinen

Eine Masse Rosen am Rasen

Eine Masse Linsen im Eimer

Meine Mami in Hessen

Seine Oma in Essen

Lissi am Meer

Im Sommer essen alle Eis.

Im Sommer soll man alle Melonen essen lassen.

Im Sommer soll man an einen See reisen lassen.

Alle sehen am Rasen meine Rosse rasen.

Meine rosa Rosen am nassen Rasen lassen

Hans soll seiner Mama ein Messer herholen.

Alle sollen messen lernen.

In einer Halle alles messen

Man soll alle einmal ein Meer sehen lassen.

ß

13

LEGA und *STENI* sehen eines Tages den alten Anorak des Vaters, den er zur Gartenarbeit benützt, am Kleiderhaken hängen. Sie „überprüfen" sofort den Reißverschluss. Er geht recht schwer. Aber *LEGA* findet es heraus und sagt zu seiner Schwester: „Du musst mit dem Daumen und Zeigefinger fest zufassen und scharf nach unten ziehen! Dann macht es *ß*!"

Am Anorak des Vaters farbig das **ß** festhalten. Das dazugehörige Handzeichen: **Daumen und Zeigefinger zusammenlegen und nach oben zeigen lassen, dann rasch mit der Hand nach unten fahren.**

Übungsbeispiele:

Er aß leise.

Er aß seine Semmel.

Es aß im Sessel eine Melone.

Er saß im Eimer.

Er saß auf dem Riss in seiner Hose.

Mimi saß am Rasen.

Er saß in seinem Sessel.

Im Sommer saß er am Meer.

Sissi saß in einer Halle.

Linsen soll man heiß essen.

Iss eine heiße Soße!

Ein heißes Essen

Er aß ein Eis.

Er aß eine Melone.

Er aß alles sehr heiß.

Alle sollen eine heiße Soße essen.

Soll Resi ohne Maß essen?

U

LEGA und *STENI* dürfen in den Tierpark gehen. Sie sind sehr beeindruckt. Plötzlich regt sich in einem Gehege ein Krokodil, das sie gar nicht beachtet hatten, und sperrt den riesigen Rachen auf. Die Kinder reißen entsetzt beide Hände hoch, und es entfährt ihnen ein „uuu".

Der aufgerissene Krokodil-Rachen eignet sich zum Einzeichnen des Buchstabens **U**. Dazugehöriges Handzeichen: **Beide Hände neben das Gesicht legen, die Daumen liegen waagrecht, die Finger sind ausgestreckt.**

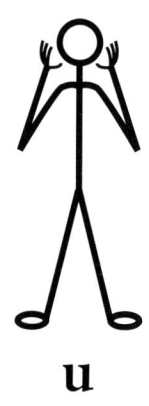

u

Übungsbeispiele:

Uli soll lernen.

Susi soll lesen.

Uli soll malen.

Ursula in Ulm

Uli in Meran

Alle sollen einmal Ulm sehen.

Unsere Mama im Sessel

Unsere Oma aß eine Semmel.

Unsere Susi soll essen.

Er muss lernen.

Nun muss Else ruhen.

Nur Susanne soll lesen.

Um ein Uhr sollen alle essen.

Eine Uhr am Arm

Alle sollen ihre Uhren nehmen.

Lass ihn eine Nuss essen!

Leihe mir eine Nuss!

Alle rennen um eine Nuss.

Alle Hummeln summen.

Lass uns eine Ulme sehen!

Man soll ihn in Ruhe lassen.

Unsere Mama in Unna.

Russen im Ural.

Ein Russe im All

Ein Huhn am Rasen

Unser Huhn soll rennen.

Nun hole uns ein Huhn her!

Mehrere Ulmen in einer Allee

Man soll im Museum alles ansehen.

Eine Haselnuss holen

Lass unsere Rosse umherrennen!

Lass uns alle einmal murren!

Alle Uhren surren leise.

Sch

Die Kinder vergnügen sich auf dem Spielplatz. Auf dem Bahngleis in der Nähe rattert ein Zug daher. Er wird von einer alten Dampflokomotive gezogen. *LEGA* und *STENI* finden das sehr lustig. Sie imitieren das Geräusch der Lok und die Bewegungen des Gestänges an den Rädern. Dabei lassen sie die ausgestreckte rechte Hand vor den Körper kreisen und machen dauernd: „**Sch sch sch**".

Auf dem Dampfkessel der Lok wird farbig das **sch** fixiert. Die dazugehörige Handbewegung: **Offene rechte Hand kreist vor dem Körper.**

sch

Übungsbeispiele:

In einer Schule soll man lernen.

In unserer Schule muss alles leise sein.

Alle lernen in unseren Schulen lesen.

Hole mir meinen Schuh!

Unsere Schuhe sollen rein sein.

Hans soll seine Schuhe nehmen.

Hole mir eine Schere!

Eine Nuss in einer Schale

Ein Huhn soll scharren.

Man soll seine Schuhe schonen.

Er soll um ein Uhr erscheinen.

Ameisen eilen schnell umher.

Im Schnee rennen alle Schi.

Ein armer Mann am Schemel

Nimm rasch eine Melone!

Sascha soll in Ruhe lernen.

Uschi soll rasch essen.

Alle mischen Eis mit Sahne.

Ein heller Schein am Himmel

Am Rasen rennen Hirsche umher.

Er soll mir eine Schnur holen.

In einem Schloss alles ansehen

Im Sonnenschein ans Meer reisen

Alle schreien umher.

Ein Mann schoss ein Reh an.

Schnelle Ameisen rennen in Scharen.

Alle Hasen am Rasen rasch rennen lassen

Hirsche eilen am Rasen umher.

Ein Ei ins Eis mischen

An einer Sahne naschen

Eine Melone erhaschen

D

LEGA und *STENI* besuchen ihren Opa. Der ist gerade im Hof und repariert sein Mofa. *LEGA* schaut ihm zu. Als der Opa fertig ist, lehnt er das Mofa an die Wand, ebenso das noch abmontierte Schutzblech für die Kette. Dann startet er den Motor – und siehe da, er kommt. Voller Freude ahmt *LEGA* das Geräusch nach, klopft sich mit dem rechten Zeigefinger auf die linke Faust und machte immer wieder „**d** - **d** - **d**".

Aus dem Hinterrad und dem an die Wand gelehnten Kettenschutzblech lässt sich sehr günstig das ***d*** deutlich herausheben. Das dazugehörige Handzeichen: Mit dem rechten Zeigefinger einmal auf die linke Faust klopfen. Bei dem selten vorkommenden ***dd*** (z. B. „Edda") zweimal.

d

Übungsbeispiele:

Der Sand am Meer

Eine Dame im Dom

Dora am Rad

Da sind drei Dosen.

Eine Rose ohne Dornen

Der Donner am Himmel

Das Reh am Rasen

Das Lamm im Schnee

Deine Hand soll rein sein.

Uschi und Doris in der Schule

In der Schule sind die Lehrer.

Adam soll reden.

Drei rosa Rosen

Ein Mann am Rad

Lass es nur donnern!

Deine Mama und meine Oma sind da.

Er soll dir einmal sein Rad leihen.

Im Sand sind Ameisen.

Damals saßen alle an der Isar.

Lass den Schaden ansehen!

Im Sommer in die Heide reisen

Er soll im Laden eine Dose Linsen holen.

In der Schule nur immer leise reden

Dann lassen alle ihre Roller schnell rollen.

Die Nonnen sind in einer Messe im Dom.

Diana soll ein Rind malen.

Einmal eine heiße Dusche nehmen

Man soll mir alles melden.

Lass Edda in Ruhe!

Hans muss ein Rad drehen.

Die Erde soll einmal nass sein.

Die Hunde murren.

Alle eilen rasch in den Saal.

T

17

Die Kinder waren auf einem Volksfest. Besonders gut hatte ihnen die Musikkapelle gefallen. *LEGA* sagt, er will auch einmal die Trompete blasen lernen. Zuhause stellt er einen Notenständer auf, nimmt seine Spiel-Trompete und spielt seiner Schwester vor. Dabei betätigt er immer wieder die Ventile des Instrumentes, indem er beide geöffneten Hände rasch zusammenzieht und bläst: „T - t - t - t".

Am Notenständer lässt sich der Buchstabe *t* einprägsam markieren. Das dazugehörige Handzeichen: **Beide geöffneten Hände vor den Mund halten und rasch zur Faust schließen.** Bei *tt* zweimal nacheinander!

t

62

Übungsbeispiele:

Toni in der Schule
Tomaten im Laden
Tee in der Tasse

Eine rote Rose holen

Uschi hat einen Roller.

Ute isst eine Melone.

Meine Tante in einer Halle

Eine Torte essen

Dort turnen alle.

Eine Uhr am Turm

Meine Taschen sind leer.

Male mit roter Tinte!

Eine Turmuhr
Ein Turner rennt.

Meine Mutter hat eine Schere.

Die Tram rollt dahin.

Tino nimmt alles mit.

Anna holt uns den Salat.

Unser alter Eimer rinnt.

Anton rennt umher.

Er nennt uns seinen Namen.

Dort sehe ich hohe Tannen.

Mein Mantel ist schon alt.

Ein netter Ort in Tirol

Thomas rettete einen alten Mann.

Ruth lernt nun reiten.

Theo rennt immer schneller.

Meine Schuhe sind noch tadellos.

Im Tal scheint die Sonne.

Eine sehr harte Nuss

In der Schule turnen alle.

Heiße Linsen im Teller

Theodor schoss ein Tor.

ST

18

LEGA und *STENI* machen ihre Hausaufgaben. Da springt *STENI* plötzlich auf, hebt den rechten Arm hoch und streckt dann deutlich den Daumen und den Zeigefinger aus. *LEGA* fragt, was denn das sein solle. Da sagt seine Schwester: „Ich habe gerade etwas erfunden! Wir haben doch schon das s und das t gelernt. Wenn ich jetzt die beiden Finger ausstrecke, dann bedeutet das, dass ich d i e s e zwei schreiben muss: „St".

Auf die beiden ausgestreckten Finger das **st** schreiben. Das dazugehörige Handzeichen: **Rechten Arm anheben, Daumen und Zeigefinger deutlich ausstrecken.**

st

Übungsbeispiele:

Ein Stein in der Hand

Eine Stunde in der Schule

Ein Hase im Stall

Im Stall ist ein Ross.

Im Nest ist ein Star.

Der Star am Ast

Dort steht ein Stuhl.

In der Schule sind alle still.

Steni lernt lesen.

Seine Stimme schallt.

Meine Stirn ist heiß.

Am Himmel stehen Sterne.

Du hast einen Roller.

Du lernst alles in der Schule,

Er reist ans Meer.

Still ruht der See.

Otto steht im Tor.

Ein Mensch ist stumm.

Eine sehr steile Stelle

Ein Sturm am Meer

Er ist in Hast und Eile.

Im Mist rennt ein Hahn umher.

Stehlen ist schlimm.

Er stand im Schlamm.

Rosenheim ist eine Stadt.

Naila ist eine Stadt.

In unserer Stadt steht ein Turm.

Hans hat eine hohe Stimme.

Ihr sollt das Schreien einstellen.

Alle schnell anstellen lassen

Die Sonne steht im Osten.

Edelsteine sind hart.

Der Stahl ist sehr hart.

STR

19

An nächsten Tag gibt es für *LEGA* wieder eine Überraschung. *STENI* hüpft auf, hebt den rechten Arm und streckt Daumen, Zeigefinger und Ringfinger aus. Auf die überraschte Frage ihres Bruders erklärt *STENI*, dass nun d i e s e drei zusammengeschrieben werden müssen: „**Str**".

Auf die ausgestreckten Finger das ***str*** schreiben. Dazugehöriges Handzeichen: **Rechten Arm anheben, Daumen, Zeigefinger und Mittelfinger deutlich ausstrecken.**

str

Übungsbeispiele:

Ein Strand am Meer

Uschi und Udo streiten.

In unserer Straße ist eine Schule.

Alle essen einen Strudel.

Der Sonnenstrahl

Der Rhein ist ein Strom.

Er hat ein Instrument.

Eine Straße in unserem Ort

Im Stall ist Stroh.

Stramme Turner turnen im Saal.

Unterlasse das Streiten!

Ein heißer Strahl der Sonne

Eine Streiterei in der Schule

Ein Herr am Straßenrand

Ein heller Sandstrand an der See

Ein heißer Strudel im Rohr

Astrid lernt lesen.

Er reist in Istrien umher.

IE

Nachdem die Kinder ihre Hausaufgaben gemacht haben, fällt *STENI* wieder einmal etwas Interessantes ein. Sie legt einen Gummiring um ihren rechten Zeigefinger, zeigt das *i* und streicht mit dem Zeigefinger der linken Hand darüber. Dabei dehnt sich der Gummiring und *STENI* spricht nun das *i* lange aus: „**ie**". *LEGA* probiert es auch sofort aus: „**ie**".

Nach dem Einführungsstadium sollte das *ie* noch eine Zeit lang mit einem Gummiring eingefasst, d. h. eingeringelt werden. Das dazugehörige Handzeichen: **Man zeigt das *i* und streicht mit dem Zeigefinger der linken Hand einmal über den ausgestreckten Zeigefinger der rechten Hand.**

ie

Übungsbeispiele:

Die Rehe sind Tiere.

Ein Tier steht im Stall.

In der Diele steht ein Mann.

Dieser Mann ist arm.

Die Sonne scheint.

Dieter lernt in der Schule.

Resi lernt ein Lied.

Hier ist ein Mensch.

Nie einen Hasen schießen.

Alle sollen hierher rennen.

Die Soldaten marschieren.

Marie musste einmal niesen.

Der Lehrer erschien in der Schule.

Die Sonne schien.

Sie mietet ein Schloss.

Lasst uns einmal einen Riesen sehen!

Lasst sie alle leise lesen!

Ein Schloss muss man mal schmieren.

Sie hieß Liesel.

Da sind Eisenschienen.

Man soll am Eis niemals rennen.

Sie hielt eine Rose in der Hand.

Sie schielte einmal.

Ein Niet im Eisen

Leider hat er Nierensteine.

Ein Schloss niederreißen

Ein armes Tier niederschießen

Ihr sollt alle Lieder lernen.

Der Mond schien helle.

Sie hat ein Nierenleiden.

Sie landeten alle in Riem.

In einem Schloss sind mehrere Diener.

Er erriet immer alles.

B

21

LEGA und *STENI* besuchen die Nachbarin, die ihr kleines Kind im Laufstall stehen hat. Das Baby hält sich an den Stäben fest und macht immerzu "b – b – b". Als sie wieder zu Hause sind, zeigt *STENI* ihren Eltern wie das Baby mit dem Mund "b" gemacht hat und zeigt dabei mit dem Zeigefinger auf den Mund.

Der Mund des Babys bietet sich an, den neuen Buchstaben daran anzubringen. Das dazugehörige Handzeichen: **Die rechte Hand zur Faust machen, dabei den ausgestreckten Zeigefinger an den Mund bringen.** Bei **bb** dasselbe mit beiden Händen.

b   bb

Übungsbeispiele:

Berta ist im Bad.

Beate ist im Bett.

Barbara holt Blumen.

Bitte hole mir eine Butter!

Die Bienen summen.

Er hat einen Bruder.

Alle haben Schuhe an.

Die Rosse traben umher.

Er holt dir ein Brett.

Erna badet im Meer.

Susi schreibt ihrer Mama.

Der Mann ist in der Stube.

Die Buben toben in der Schule.

Man muss ihn sehr loben.

Alle reisen mit der Bahn.

Das Brot muss man beißen.

Nonnen lesen in der Bibel.

Der Bus rollt an.

Der Nebel ist nass.

Am Abend muss er ins Bett.

Im Leben muss man streben.

Unser Land ist eine Ebene.

Der Mensch lebt nur einmal.

Die Erde bebt.

Dort steht ein Bettler.

Der Braten im Rohr.

Ein Boot am See

Alle sollen bestimmt Marmelade essen.

Benno bestreitet immer alles.

Ihre rosa Bluse ist nun rein.

Es ist bereits sieben Uhr.

Er lernt bestimmt das Einmaleins.

Sie arbeitet stets bis ein Uhr.

Ali muss seine beiden Beine bestrahlen lassen.

In unserer Schule muss man stets arbeiten.

Bei uns soll man niemals streiten.

P

22

LEGA hat sich von seinem Taschengeld etwas gekauft und ruft *STENI*, um es ihr zu zeigen. Es ist eine Dose mit einem Ring, womit man Seifenblasen lustig in die Luft blasen kann. Am Abend erzählen sie den Eltern davon und zeigen ihnen, wie man es macht: Ring in die Dose tauchen und immer wieder durch den Ring *p* hineinblasen!

Den Buchstaben *p* an dem Seifenblasen-Ring gestalten. Das dazugehörige Handzeichen: **Die rechte Hand ausstrecken, den Daumen im rechten Winkel abspreizen und vor den Mund halten**. Bei *pp* beide Hände in der selben Stellung nebeneinander.

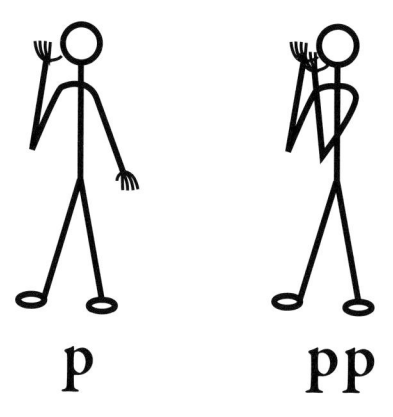

p   pp

Übungsbeispiele:

Peter malt ein Bild.

Paris ist eine Stadt.

Ein Pater im Dom.

Im Laden sind hohe Preise.

Die Turner halten eine Probe.

Mein Pass ist in der Tasche.

Die Post ist da!

Sie hatten eine Panne.

Er stammt aus Polen.

Petra hat eine Perle.

Pommern ist ein Land.

Persien ist ein Staat.

Hole mir einen Lappen!

Meine Mappe ist leer.

Hans soll einen Happen essen.

Ihre Lippen sind rot.

Er arbeitet mit Pappe.

Das Huhn ist im Schuppen.

An der Rampe steht ein Mann.

Die Lampe brennt.

Der Bub strampelt.

Meine Papiere sind in der Tasche.

Diese Hose passt mir.

Dort steht eine hohe Pappel.

Er soll mein Rad reparieren.

Peter soll die Marmelade probieren.

Der Priester betet im Dom.

Der Opa liest.

Mein Papa schreibt.

Eine Puppe im Laden

Eine Panne am Rad

Nimm eine Stoppuhr!

Reibe mir die Rippen ein!

SP

23

LEGA merkt, dass seine Schwester wieder ein Patent-Zeichen erfunden hat. Sie erklärt es ihm auch sofort. Sie sagt, dass man doch das *s* und das *p* gleich als *sp* auf einmal zeigen könne und hält den ausgestreckten Daumen und Zeigefinger waagrecht vor den Körper.

Farbige Markierung des *sp* oben anbringen. Dazugehöriges Handzeichen: **Ausgestreckten Daumen und Zeigefinger vor den Körper waagrecht halten (die übrigen Finger sind geschlossen).**

sp

Übungsbeispiele:

Alle sollen Sport treiben.

Ein Spiel mit dem Ball

Dort ist eine Spinne.

Er bestellte eine Speise.

Nimm den alten Spaten her!

Da sind Spuren im Schnee.

Man soll niemanden spotten.

In der Turnhalle spielen alle.

Alle Menschen sollen sparen.

Iss den Spinat!
Seid alle sparsam!

Der Roman ist spannend.

Ein Mann sperrt das Schloss ab.

Spanien ist ein heißes Land.

Spiritus brennt leicht.

Er hat ein Sparbuch.

Er ist ein Sportler.

Er nimmt eine Spende an.

Hans soll die Rosse einspannen.

Den Dieb muss man einsperren.

Peter soll den Ball abspielen.

Spaß muss sein.

Treibt Sport in der Schule!

Hier ist der Spender.

Hole mir eine Spule her!

Alle essen Spargel.

Tiere hinterlassen Spuren.

Mehrere Sportler spielen Ball am Rasen.

In der alten Stube sind Spinnen.

Lass ihm seinen Spaß!

Alle spielen Handball.

Das Ende des Spieles ist da!

Sportler reisen im Lande umher.

SPR

24

Die erfinderische *STENI* hat nach einigen Tagen wieder eine Neuigkeit für *LEGA*. Sie hält diesmal den ausgestreckten Daumen, Zeige- und Mittelfinger vor den Körper. Jetzt errät aber *LEGA* selbst die Bedeutung des neuen Zeichens und ruft: „Das kann doch nur *spr* bedeuten!"

Markierung in Farbe einprägsam vornehmen! Das dazugehörige Handzeichen: **Ausgestreckten Daumen, Zeige- und Mittelfinger waagerecht vor den Körper halten.**

spr

Übungsbeispiele:

An der Leiter sind Sprossen.

Nun sprießen schon die Blumen.

Im Motor ist Sprit.

In dieser Dose ist Sprudel drin.

Beim Reden sprudelt es.

Die Limonade soll sprudeln.

Ohne Sprit steht der Motor.

Hole mir Sprit im Eimer!

Hier ist der Spross einer Blume.

Er ist ein Sprinter.

Der Sprinter ist ein Sportler.

Ein Sprinter rennt schnell.

Bemerkung: Die Einführung des Sonderzeichens *spr* ist zu diesem Zeitpunkt am günstigsten. Später kommen noch ergiebigere Übungen.

Ä

25

Der erfinderischen *STENI* ist wieder ein guter Gedanke gekommen. Sie erinnert *LEGA*, wie er damals den Apfel von der Mutter bekommen hat. Da fällt ihr jedoch plötzlich der Apfel aus der Hand, und bevor sie noch ein Wort sagen kann, entfährt ihr vor Schreck ein: „**Äää**".

Aus dem Apfel wird das **a** geformt, die beim Fallen des Apfels nach unten zeigenden Daumen und Zeigefinger sind ausgestreckt und deuten die Umlaut-Striche an. Das dazugehörige Handzeichen: **Wie bei a, nur die Hand umdrehen und Daumen und Zeigefinger nach unten ausstrecken.**

ä

Übungsbeispiele:

Den Rasen muss man mähen.

Schäle mir eine Melone!

Bitte nähe meine Hose!

Mehrere Männer eilen in die Tram.

Rolle näher heran!

In der Nähe einer Stadt

Ein Mann hämmert.

Ein Bub lärmt.

Ilse näht eine Bluse.

Lämmer am Rasen

Hähne rennen im Mist umher.

Eine Häsin im Stall

Die Männer sind bei der Arbeit.

Die Ställe sind leer.

Der Rasenmäher steht still.

Der Landmann muss säen und ernten.

Später lernen wir reiten.

Der Bär ist ein Tier.

Man soll alle Menschen ernähren.

In der Schule soll man ohne Lärm arbeiten.

Die Hände sollen immer rein sein.

Die Menschen eilen in die Bäder.

Alle Räder stehen still.

Im Sommer reisen die Menschen an die Strände.

An allen Ständen stehen Buben.

Sie hat bunte Bänder am Hut.

Sie reisen in heiße Länder.

Es ist schon spät.

Lernt alle nähen!

Bitte schäle das Obst!

Ö

26

LEGA und *STENI* spielen in ihrer Freizeit draußen Ball. Einen schnellen Wurf seiner Schwester kann *LEGA* kaum aufhalten, und der Ball droht ihm fast ins Gesicht zu fliegen. Doch *LEGA* reagiert gerade noch rechtzeitig, weist mit der Hand den Ball vor dem Mund ab, lässt aber noch erschrocken ein tadelndes „ööö" vernehmen!

Aus dem Ball unter dem Gesicht lässt sich das **ö** entwickeln, die Striche für den Umlaut werden an Daumen und Zeigefinger markiert, die nach unten weisen. Das dazugehörige Handzeichen: **Wie beim o, nur wird die Hand so weit gedreht, dass Daumen und Zeigefinger (ausgestreckt) nach unten zeigen.**

ö

Übungsbeispiele:

Alle hören her.
Den Lehrer immer anhören
Der Papa hört Radio.

Lore soll schön schreiben.
Nun malt er schon schöner.
Daheim ist es am schönsten.

Alle Rösser rennen.
Ein Röslein in seiner Hand

Den Brand muss man löschen.

Die Römer leben in Rom.
Böhmen ist ein Land.
Man soll Möhren essen.

In der Hölle ist es heiß.
Ein Mann in Nöten

Seine Söhne lernen lesen.

Menschen strömen in den Saal.

Ein Mann lötet Metall.
Hole mir eine Röhre her!

Bald dösen alle.
Die Böden sind nass.
Tonerde ist spröde.

Hier ist der Mörtel.
Alle hören leise Töne.

Seht die schöne Abendröte!

Öl ist in der Dose.

Die Sahara ist öde.
Den Motor muss man ölen.

Am Schuh sind mehrere Ösen.

Ü

27

STENI erinnert *LEGA* an den kürzlichen Besuch im Zoo. Der Schreck vor dem Krokodil sitzt ihnen noch immer in den Gliedern. *STENI* streckt die Finger aus und hebt beide Hände neben ihr Gesicht. Sie knickt dann die Zeigefinger ab und ruft: „Ü – einem Krokodil möchte ich nicht mehr begegnen!"

Nachdem das *ü* angeschrieben ist, werden die Umlautstriche an den nach unten weisenden Zeigefingern herabgezogen. Das dazugehörige Handzeichen: **So wie bei *u*, nur werden die beiden Zeigefinger abgeknickt, die Umlautstriche darstellend.**

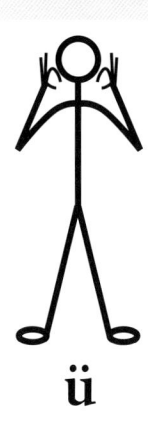

ü

Übungsbeispiele:

Mit Mühe und Not

In einer alten Mühle

Der Müller arbeitet in der Mühle.

Alle müssen üben.

Die Marmelade ist süß.

Der Himmel ist trüb.

Meine Brüder arbeiten.

Im Süden ist es heiß.

In der Schüssel ist die Suppe.

Mit dem Schlüssel sperrt man ab.

Die Hühner scharren.

Der alte Mann ist müde.

Man muss alles einmal büßen.

Niemand soll brüllen.

Dort unten in der Mühle

In der Mühle malen die Müller.

Herr Müller arbeitet in einer Mühle.

Die Mütter arbeiten daheim.

Die Rüben erntet man im Herbst.

Sepp isst Nüsse.

Ein Tier mit einem Rüssel

Alle Schüler müssen lernen.

Die Schülerinnen haben Handarbeit.

Eine Schülerin muss das Bett hüten.

Der Himmel ist düster.

Es ist stürmisch.

Sie muss daheim abspülen.

Hole mir ein Spülmittel!

Die Schülerarbeiten sind schön.

In unserer Straße ist ein Schülerheim.

Man soll niemals übertreiben.

Mein Bruder erschien überraschend.

Er hatte mich übersehen.

CH

28

LEGA und *STENI* besuchen wieder einmal ihren Opa. Nachdem sie sich unterhalten haben, gehen die Kinder hinaus, um zu spielen. Als sie ins Zimmer zurückkehren, hören sie ein Geräusch ... Der Opa sitzt in seinem Lehnstuhl, hält die rechte Hand am Hals – und schnarcht. Als er aufwacht, will er nicht glauben, dass er eingeschlafen war. Doch die Kinder beweisen es ihm. Sie legen ihre rechten Hände an den Hals und machen sein Schnarchen nach: „**Ch – ch – ch**".

An der Rundung des Kopfes lässt sich das **c** und daran anschließend das **h** farbig anschreiben. Das dazugehörige Handzeichen: **Die rechte Hand ausstrecken und dabei den Daumen abwinkeln und an den Hals legen.**

ch

Übungsbeispiele:

Ich bin ein Schüler.
Ich lerne schreiben.
Ich rechne.

Alle sollen sich melden.
Ich hole dich ab.
Man soll nicht streiten.

Er sah mich am Straßenrand.

Er macht nur Sprüche.
Sprich nicht so leise!
Hier sind meine Sachen.

Astrid lacht immer.
Sie rennt unter das Dach.
Unsere Sprache ist schön.

Sie hat ein buntes Tuch.

Ich sehe einen Drachen am Himmel.

Die Nadel sticht.
Die Lampe macht Licht.
Der Mann ist sehr reich.

Lasst sie doch Schach spielen!

Im Schatten einer Eiche
Er isst weiche Eier.
Eine Nadel bricht leicht.

Der Teich ist seicht.
Ein Tier schleicht umher.

Emil streichelt seinen Hund.

Ein Mann streicht den Stuhl an.

Sie beichtet ihre Sünden.

Der Turm ist recht hoch.
Er macht alles recht.
Ihm ist schlecht.

Der Hund sucht seinen Herrn.

Die Biene sticht manchmal.

Es ist nämlich schon spät.

Ein Bub ist schüchtern.
Der Mann ist nüchtern.

***ch* wie *k* gesprochen:**

Christus musste sterben.

Christine ist eine Schülerin.

Er heißt Christian.
Chrom ist ein Metall.
Sprecht alle im Chor!

Der Chiemsee ist sehr schön.

Cham ist eine Stadt.

Bei uns leben meistens Christen.

***chs* wie *ks* (bzw. *x*) gesprochen:**

Um sechs Uhr muss ich daheim sein.

Der Ochs steht im Stall.
Der Fuchs sucht Hühner.

***ch* wie *sch* gesprochen:**

Der Chef ist nicht da.
Der Herr ist charmant.

AU

LEGA und *STENI* sind nach draußen zum Spielen gegangen. Nach einer Weile nehmen sie einen Fußball und werfen ihn sich zu. Einmal reagiert *STENI* zu langsam – und schon trifft sie der Ball am Auge. Sie hält sofort die rechte ausgestreckte Hand über das schmerzende Auge und schreit: „**Au**"!

Lautmarkierung über den Kopf. Das dazugehörige Handzeichen: **Rechte flache Hand schräg über das rechte Auge halten.**

au

Übungsbeispiele:

Mein Papa hat ein Auto.

Anton hat auch ein Auto.

Ein Auto ist schnell.

Die Schule ist aus.
Ich schaue ins Buch.
Alle rennen hinaus.

Die Mauer ist hoch.
Dort steht ein Strauch.
Hier ist mein Bauch.

Die Maus saust in ihr Loch.

Die Tauben sind am Dach.

Die Trauben sind süß.

Am Blatt sehe ich eine Raupe.

An der Hand habe ich einen Daumen.

Im Raum muss Ruhe herrschen.

Die Ausstellung ist schön.

Sie hatten eine nette Aussprache.

Der Lehrer hielt eine Ansprache.

Australien ist ein Erdteil.

Aurelia reist nach Australien.

An der Mauer ist ein Automat.

Sepp möchte sich ausruhen.

Man soll niemand auslachen.

Der Schüler soll alles allein ausrechnen.

Die Männer arbeiten am Bau.

Die Bauarbeiter errichten ein Haus.

Der Baum hat bereits Blätter.

Unser Papa raucht nicht.

Im Meer tauche ich.

Er haucht seine Hände an.

Im Herbst sieht man buntes Laub am Baum.

Manche Autos rasen durch die Straßen.

Bei unserer Schule hält der Autobus.

Die Autobahnen braucht man.

Dort hat man eine prima Aussicht.

In der Pause esse ich eine Semmel.

ÄU

30

Die Geschwister sitzen am Nachmittag beim Lernen. Als *LEGA* beim Schreiben das *au* gebraucht und es sich mit dem Handzeichen vorzeigt, bemerkt das *STENI*. Dabei fällt ihr wieder etwas ein, und sie macht ihren Bruder neugierig, ob er wohl erraten kann, was sie meint. Sie legt ebenfalls die rechte ausgestreckte Hand schräg über das Auge, dreht dann aber die Hand so, dass Daumen und Zeigefinger nach unten weisen. *LEGA* errät jedoch sofort und ruft: „Das heißt jetzt äu".

Die Lautmarkierung kann beliebig vorgenommen werden. Das dazugehörige Handzeichen: **Die schräg über das Auge gelegte Hand drehen, so dass Daumen und Zeigefinger nach unten zeigen und die Umlaut-Striche andeuten.**

äu

Übungsbeispiele:

Da rennen Mäuse umher.

Am Rasen stehen Sträucher.

Alle Räume sind leer.

Die Bäume sind hoch.

Hier sind lauter schöne Häuser.

Läuse sind hässlich.

Er ist äußerst nett.

Aurelia äußert sich nicht.

Man sieht ihm äußerlich nichts an.

Träume sind Schäume.

Schüler üben alte Bräuche.

Die Schläuche sind undicht.

Lachse räuchert man.

Manchmal täuscht man sich.

Ein Saaldiener räumt die Halle aus.

Die Schulräume sollen sauber sein.

Die Hausmäuse sausen schnell dahin.

Die Brautsträuße sind sehr schön.

G

31

Während eines Ausflugs halten die Eltern in einem Dorf an, um in einem Gasthaus Mittag zu essen. *LEGA* und *STENI* dürfen sich zuvor noch etwas im Dorf umsehen. Als sie an einer Gänseschar vorbeikommen, ärgern sie die Tiere. Da läuft ihnen der Gänserich so rasch nach, dass sie Mühe haben, davonzulaufen. Im Gasthaus berichten sie von ihrem Erlebnis, vor allem wie der wütende Gänserich dauernd ein „g – g – g" vernehmen ließ.

Um den Kopf des Gänserichs den oberen Teil des neuen Buchstabens formen. Das dazugehörige Handzeichen: **Die rechte Hand mit geschlossenen Fingern ausstrecken und waagrecht an den Hals legen.**

g   gg

Übungsbeispiele:

Gabi besucht die Schule.

Gerti spielt mit dem Ball.

Georg ist ein Sportler.

Grete geht in den Garten.

Gestern ging Gisela ins Bad.

Der Ring ist aus Gold gemacht.

Die Gäule rennen über den grünen Rasen.

Die Gänse schnattern.

Man isst mit Messer und Gabel.

Egon soll alles sagen.

Man muss sich manchmal plagen.

Der Regen macht alles nass.

Der Gesang ist schön.

Die Gelegenheit ist günstig.

Er ging gerne in die Schule.

Mein Papa ist ein großer Mann.

„Grüß Gott" lautet unser Gruß.

Gusseisen ist spröde.

Unser Lehrer ist nicht streng.

Am Gebäude steht ein Gerüst.

Gemüse essen ist gesund.

Mein Hemd ist glatt gebügelt.

Gestern gelang mir alles gut.

Morgen ist Montag.

Meine Eltern sind sehr gerecht.

Die Bauern säen das Getreide.

Die Gerste ist ein Getreide.

Die Mutter spült das Geschirr ab.

Mein Opa ist recht gemütlich.

Meine Uhr geht genau.

Er hat ein gutes Gedächtnis.

Das Gänseblümchen ist schön.

In der Gaststätte gibt es gutes Essen.

Die Gärtnerei hat geschlossen.

Ich habe ein Geheimnis.

K

32

Die Familie hat Besuch. Der Vater bringt aus dem Kühlschrank eine Flasche Sekt. Die Kinder schauen beim Öffnen neugierig zu. Der Vater macht sich am Verschluss zu schaffen, *LEGA* und *STENI* halten sich in respektvoller Entfernung. Auf einmal knallt es und der Pfropfen fliegt durchs Zimmer. Begeistert machen die Kinder das nach und rufen: „K".

Um die Flasche lässt sich der Buchstabe **k** farbig festhalten. Das dazugehörige Handzeichen: **Rechte Faust an den Hals legen und flott wegbewegen, wobei sich die Finger öffnen.**

k

Übungsbeispiele:

Die Kinder gehen in die Schule.

In der Kanne ist Milch.

Karl ist ein guter Kerl.

Kurt hat Kummer.

In der Küche steht ein Kübel.

Der König regiert ein Land.

Käthe ist krank. Katharina ist schlank.

In der Klasse steht ein Schrank.

Die Schüler sollen denken lernen.

Der Kater ist hinter dem Kamin.

Der Kalender hängt am Schrank.

Mein Onkel ist ein kleiner Mann.

Die Oma liebt ihre Enkelkinder.

Macht bitte keinen Krach!

Am Pult liegen bunte Kreiden.

Die Köchin kocht Sauerkraut.

Der Knabe knabbert Kekse.

In der Kirche ist es still.

Ich kenne eine kleine Kapelle.

Karin geht gerne ins Kino.

Meine Oma mag Käse essen.

Der Kamin raucht. In der Kasse ist Geld.

Der Bus ist schon angekommen.

Ich möchte gerne ein Rad bekommen.

Der Berg ist kahl.

Es herrscht eine große Kälte.

An der Küste ist es stürmisch.

Er ist ein kluger Mann.

Einige Mädchen kichern.

Der Kellner bedient die Gäste.

Er trinkt einen Kräutertee.

An der Küste des Meeres ist es herrlich.

Der Kühlschrank enthält Getränke.

Im Küchenschrank ist das Geschirr.

In den Krankenhäusern liegen die Kranken.

CK

33

Etwas später sind noch andere Gäste dazugekommen. Der Vater bringt eine weitere Sektflasche und eine Piccolo-Flasche heran, welche nun *LEGA* öffnen darf. Welcher Spaß für die Kinder, als beide Korken zugleich unter lautem Knall an die Decke fliegen.

Markierung des **c** um das Piccolo-Fläschchen und das **k** um die große Flasche. Das dazugehörige Handzeichen: **Beide Hände zur Faust machen und an den Hals legen. Dann heftig wegbewegen und dabei die Finger öffnen.**

ck

Übungsbeispiele:

Die Schnecke ist langsam.

Die Decke ist schön.

Der Strick ist lang.

Der Speck schmeckt gut.

Die Schokolade schmeckt lecker.

Meine Socken haben ein Loch.

Ein Dackel ist ein kleiner Hund.

Im Sack sind Rüben.

Sie hat schöne Locken.

Schnell alles einpacken!

Das Pausenbrot sollst du nun auspacken.

Sie muss eine Tablette schlucken.

Das Schicksal ist manchmal hart.

Eine Stecknadel sticht.

Er hat starke Backenknochen.

Meine Schuhe drücken.

Die Handtücher sind trocken.

Lass ihn an deinem Eis schlecken!

Er soll sich ruhig ausstrecken.

Du sollst das Paket abschicken.

Die Post bringt mir ein Päckchen.

An der Ecke steht ein Bettler.

Die Mücken stechen.

Der Hocker ist niedrig.

Peter sucht einen Stecken.

Sie bekommt einen Rock.

Er hatte schöne Socken bekommen.

Die Mutter trocknet das Geschirr ab.

Das Auto steckt im Dreck.

Das Mädchen lernt stricken.

Die Lackschuhe sind sehr schön.

Das Hackbrett ist ein Instrument.

Er kriecht unter die Wolldecke.

F

34

Nach einem Sonntagsbesuch brennt am Tisch noch immer die Kerze. *STENI* darf sie auslöschen. Sie legt die flach ausgestreckte rechte Hand neben dem Mund an die Wange und blasen herzhaft auf die Flamme: „**F** – **f f**".

An der Kerze den neuen Buchstaben formen. Das dazugehörige Handzeichen: **Flache Hand an die Wange neben den Mund legen und *f* artikulieren.** Bei *ff* beide Hände anlegen.

f   ff

Übungsbeispiele:

Das Fass ist leer.

Der Fisch lebt im Meer.

Der Fuchs ist schlau.

Das Fleisch schmeckt gut.

Die Frau arbeitet.
Der Frosch springt.

Der Fahrer muss achtgeben.

In der Fabrik arbeiten die Menschen.

Ein Fleck ist in der Hose.

Ich fahre mit der Tram.

Ich fand ein Messer.
Seine Augen funkeln.

Frieda stellte eine Frage.

Das Fleisch ist frisch.

Die Fliesen sind schön.

Seine Finger sind lang.

Unser Fleiß ist groß.

Der Flieder blüht in all seinen Farben.

Eine harte Strafe.
Niemand soll raufen.

Sportler können schnell laufen.

Der Affe ist ein Tier.
Alle schaffen fleißig.
Die Schiffe sind groß.

Die Luft soll sauber sein.

Ich trinke einen Saft.

Die Frucht reift langsam.

Das Fett ist schmierig.

Die Forelle ist ein Fisch.

Der Flieger kreist in der Luft.

Nun hat er es endlich geschafft.

Susi hat immer noch gehofft.

Udo trifft sich mit Frieda.

Ich mag einen feinen Kuchen essen.

Im Fasching ist es lustig.

Ich spüre einen frischen Wind.

Er hat ein Fahrrad.

Im Haus ist ein Fahrstuhl.

Man muss eine Fahrkarte kaufen.

PF

35

STENI hat schon wieder etwas Neues erfunden. Sie zeigt mit dem ausgestreckten Daumen und Zeigefinger nach unten und lässt *LEGA* erraten, was das wohl sei. Sie muss ihm schon ein bisschen helfen, bis er darauf kommt, dass man damit viel leichter *p* und *f*, also *pf* zusammen und auf einmal zeigen kann.

Unter die beiden nach unten weisenden Finger die zwei Buchstaben schreiben. Das dazugehörige Handzeichen: **Hand vor den Körper halten, Daumen und Zeigefinger sind ausgestreckt und zeigen nach unten.**

pf

Übungsbeispiele:

Ich esse gerne Krapfen.

Der Kopf ist rund.

Pferde sind schöne Tiere.

Der Hund hat Pfoten.

Der Pfarrer predigt in der Kirche.

Die Mutter kauft ein Pfund Brot.

Der Papa trinkt einen guten Tropfen.

Ich helfe der Mutter die Teppiche klopfen.

Der Opa pfeift.

Ein Apfel schmeckt gut.

Die Äpfel sind erst im Herbst reif.

Ich mag Apfelsinen essen.

Pfirsiche schmecken süß.

Der Pfeffer ist scharf.

Die Mutter kauft frische Pflaumen.

Das Pflaster auf der Straße ist hart.

Alle Menschen haben Pflichten.

Ein Kind braucht seine Pflege.

In der Pfanne sprudelt Fett.

Der Bauer hatte einen Pflug.

Pfingsten ist ein hohes Fest.

Eine Frau pflegt den Kranken.

Die Bauern pflügen den Acker.

Die Arbeiter pflastern die Straßen.

Sie isst einen Krapfen.

Der Karpfen ist ein Fisch.

Der Esel ist an einem Pflock angebunden.

Die Turner hüpfen über das Seil.

Der Maikäfer schlüpft aus der Puppe.

Es klopft an die Türe.

Ich pflege meine Blumen.

Ein tapferer Hund dient seinem Herrn.

Die Suppe ist stark gepfeffert.

Sie trägt ein Kopftuch.

Der Pfirsichbaum blüht.

Die Pflastersteine sind eckig.

MPF

36

Ein anderes Mal überrascht *LEGA* seine Schwester mit seinem geheimnisvollen Getue. Er zeigt mit drei Fingern nach unten. *STENI* weiß sofort, das soll wieder ein einfacheres Zeichen gleich für drei Buchstaben sein. Sie überlegt und ruft dann: „Das ist bestimmt *mpf*."

Unter die drei nach unten weisenden Finger **mpf** schreiben. Das dazugehörige Handzeichen: **Die Hand ist vor dem Körper und weist nach unten, dabei werden Daumen, Zeige- und Mittelfinger ausgestreckt.**

mpf

Übungsbeispiele:

Im Kessel ist Dampf.

Ein Dampfer auf dem Fluss.

Eine Dampfmaschine leistet Arbeit.

Der Sumpf ist nass.

Manche Sümpfe macht man trocken.

Auch in einem Sumpf leben Tiere.

Mein Strumpf hat ein Loch.

Diese Strümpfe sind billig.

Sie trägt eine Strumpfhose.

Im Fuß hat er einen Krampf bekommen.

Krämpfe sind nicht angenehm.

Das Messer ist stumpf.

Er hat einen stumpfen Bleistift.

Er macht einen abgestumpften Eindruck.

Der Sport ist oft ein Kampf.

Beim Fußball sieht man sportliche Kämpfer.

Manche treiben Kampfsport.

Der Mensch hat einen Rumpf.

Auf dem Rumpf ist der Hals.

Ein Schüler rümpft die Nase.

Im Topf dampft die Speise.

Manche Menschen sind abgestumpft.

Sportler sind abgekämpft.

Im Keller ist es dumpf.

Die Erde kann man stampfen.

Das Kraut kann man einstampfen.

Er bemüht sich krampfhaft.

Einer stampft mit den Beinen.

Er spielt kämpferisch.

Manchmal schimpft der Lehrer.

Ich schimpfe nicht gerne.

Er hatte mich geschimpft.

Nicht bei gedämpftem Licht lesen!

Den dumpfen Keller soll man lüften.

Keiner darf mit einem stumpfen Bleistift schreiben.

EU

37

LEGA und *STENI* gehen am Sonntag mit ihrem Opa im Wald spazieren. Beim Heimweg wird es schon düster. Da erblicken sie in einem Geäst eine Eule. Das ist aber ein Erlebnis; denn der Opa erklärt ihnen diesen Nachtvogel. Die Kinder hat am meisten die „Brille" um die Augen des Tieres beeindruckt. Sie machen diese nach und rufen: „**Eu**, eine Eule!"

Lautmarkierung um die Eule. Das dazugehörige Handzeichen: **Daumen und Zeigefinger einringeln, vor das rechte Auge legen und dabei die übrigen Finger nach oben strecken.**

eu

Übungsbeispiele:

Am Baum ist eine Eule.
Eulen können fliegen.

Till Eulenspiegel finde ich lustig.

Euer Haus ist schön.
Heuer regnet es oft.

Dort fährt ein neues Auto.

Die Leute reisen nach dem Süden.

Das Feuer ist heiß.

Der Fuchs frisst seine Beute.

Alles neu macht der Mai.

Der Hund ist treu.
Rehe sind scheu.

Das Pferd frisst Heu.
Im Stall liegt Spreu.

Der Teufel ist in der Hölle.

Um neun Uhr schlafe ich schon.

Morgen komme ich zu euch.

Heute hat es geregnet.

In der Früh ist das Gras feucht.

Die Lampen leuchten hell.

Auf das Eis streut man Sand.

Ich habe eine große Freude erlebt.

Ich habe gute Freunde.

Meinen Freunden halte ich die Treue.

Manche Leute sind neugierig.

Ich bin nicht neugierig.

Die Neugierde ist nicht erfreulich.

Der Bauer freut sich auf die Heuernte.

Die Eule ist ein Nachttier.

Er hat am Kopf eine Beule.

Ein Sportauto ist teuer.

Scheue Tiere rennen fort.

Der Adler hat ein Tier erbeutet.

Ich lebe in Deutschland.

Ich bin ein Deutscher.

Die deutsche Sprache ist schön.

Deutschland befindet sich in Europa.

V

38

LEGA und *STENI* sind im Freien und spielen. Da kommt eine Vogelschar dahergeflogen und lässt sich auf den Leitungsdrähten nieder. So genau hatten sie noch nie die „Landung" eines Vogels beobachtet. Als sich der nächste Vogel niederlässt und dabei die Flügel anhebt, sind sie voller Staunen und ahmen den Vorgang nach, indem sie die Hand heben und Zeigefinger und Mittelfinger ausstrecken.

Aus den ausgestreckten Flügeln des Vogels kann man das **V** günstig herausarbeiten. Das dazugehörige Handzeichen: **Rechten Arm anheben, dabei Zeigefinger und Mittelfinger ausstrecken.**

V

Übungsbeispiele:

Der Vater arbeitet.
Der Vogel kann fliegen.
Unser Volk lebt gut.

Das Veilchen blüht.
Diese Vase ist schön.

Das Gedicht hat einige Verse.

Ein Auto hat vier Räder.
Ich muss viel lernen.
Ich fange von vorn an.

Ein Vulkan ist tätig.
Das Vieh steht im Stall.
Obst enthält Vitamine.

Im Verkehr bin ich vorsichtig.

Er hat einen Vertrag unterschrieben.

Es gibt verschiedene Vorschriften.

Am Vormittag besuche ich die Schule.

Ich hörte einen guten Vortrag.

Man muss auf die Vorfahrt achten.

Die Blumen verblühen.

Das Gericht verurteilt den Dieb.

Ich kann dir nichts versprechen.

Vroni liebt die violette Farbe.

Bitte entschuldige vielmals.

Es gibt vielerlei Sträucher.

Ein Viereck hat vier Ecken.

Veronika spielt auf der Violine.

Mein Vetter ist sehr nett.

Es war nur ein Versehen.

Die Verpflegung ist gut.

Sein Vermögen ist groß.

Manche Lehrer sind väterlich.

Der Fuchs ist vorsichtig.

Viktor verhält sich vorbildlich.

Einer geht immer voran.

Niemand soll vorlaut sein.

Alles geht einmal vorüber.

Ich bin in einem Turnverein.

Bei Vollmond sind die Nächte hell.

Der Verkäufer verpackt den Einkauf.

W

39

Die Mutter hat Wäsche gewaschen und sie im Hof aufgehängt. Die Kinder schauen nach einer Zeit nach, ob die Wäsche schon trocken ist. Sie gehen in die Wohnung zurück und berichten der Mutter, dass ein leichter Wind weht, der die Wäsche ganz schön bewegt. Dabei zeigen sie mit der Hand, wie die Wäsche lustig flattert und machen den Wind nach: „**W** – **w** – **w**".

An dem an der Leine hängenden Hemd lässt sich das *w* gut gestalten. Das dazugehörige Handzeichen: **Mit der geöffneten rechten Hand eine Bewegung vom Körper weg nach oben vollziehen.**

w

Übungsbeispiele:

Willi ist brav.
Walter will Maler werden.
Am Himmel sind Wolken.

Die Wolle hält warm.
Die Wiesel sind flink.
Der Wind weht stürmisch.
Das Wasser ist wichtig.

Ich wohne in München.
Das Lernen ist wichtig.
Wir wollen fleißig sein.
Der Wurm lebt in der Erde.

Eine Woche hat sieben Tage.

Manche Wünsche gehen in Erfüllung.

Im Winter schneit es.
Wir fühlen uns wohl.

Der Löwe lebt wild.

Werner war wieder nicht da.

Der Wolf ist ein wildes Tier.

Meine Oma isst gerne Würste.

Auf Wiedersehen.
Es gibt viele Wirtshäuser.
Die Pferde wiehern.

Ein Wirbelsturm ist schlimm.

Der Wanderer wünscht sich gutes Wetter.

Die Kamele leben in der Wüste.

Die Wunde tut weh.
Seine Antwort war richtig.

Die Landwirtschaft ist sehr wichtig.

Er findet immer einen Ausweg.

Weißt du, wie viel Sternlein stehen?

Ich weiß nicht, was soll es bedeuten?

Wohin soll ich mich wenden?

Heute ist es bewölkt.
Die Wolle ist weich.
Ich habe ein Wörterbuch.
Der Dackel wedelt.

Meine Schwester ist verwöhnt.

Mein Schwager ist wirklich nett.

Im Bad steht die Badewanne.

Die Kirchweih ist ein Fest.

Alle freuen sich auf Weihnachten.

Die Vorstellung war wunderbar.

Der Wecker weckt mich auf.

Man soll niemals wütend werden.

J

40

Die Eltern erwarten am Nachmittag Besuch. Als die Mutter beim Backen eines Kuchens und dem Aufbau einer Torte ist, nascht *LEGA* fleißig davon. Dann bekommt er davon Bauchweh. *STENI* holt eine Tablette und ein Glas Wasser und bringt es ihrem Bruder ins Zimmer. *LEGA* sitzt auf einem Stuhl, hält sich beide Hände vor den Bauch und jammert: „Oh je – oh je – oh je"

Der neue Buchstabe könnte an den Stuhl angehängt werden. Dazugehöriges Handzeichen: **Beide Arme vor den Leib halten und den Oberkörper leicht vorbeugen.**

j

Übungsbeispiele:

Josef lernt viel.
Mein Bruder heißt Johann.
Josefine turnt gerne.
Jemand hat angerufen.
Ein jeder soll lustig sein.
Hunde jagen die Hasen.
Josefine jubelte.
Ein Junge heißt Jakob.
Johanna ist ja schon da.
Die Jäger jagen.
Im Juli ist es oft heiß.
Hunde jaulen manchmal.

Im Juni beginnt der Sommer.

Manche Leute können jodeln.

Die Mutter jätet den Garten.

In Japan leben die Japaner.

Schön ist die Jugend.
Die Jagd ist schön.
Er meldet sich jedesmal.
Sie sagt immer jawohl.

Ich gehe jedenfalls mit.
Ein Jahr dauert lange.
Er hat eine Jacke an.
Im Januar ist es noch recht kalt.
Der Bauer erntet einmal jährlich.
Josefa hat einen jüngeren Bruder.
Ein Kind weinte jämmerlich.
Der Jagdhund hilft dem Jäger.
In der Jugendherberge ist es schön.

Der Jugendliche hat sich ein Mofa gekauft.
Im Radio hörte ich einen Jodlerkönig.
Der Jaguar ist sehr gefährlich.
Die Johannisbeeren schmecken gut.
Der Mann hat einen Hund verjagt.
Nach dem Unglück hat er viel gejammert.
Der Schlagersänger wurde bejubelt.
Ich freue mich ein jedes Mal auf dich.
Er spürt ein Jucken.
Betrunkene Menschen johlen laut.

Z

41

Die Kinder kommen wieder einmal zu ihrem Opa. Bevor sie die Tür öffnen, hören sie schon lautes Niesen. Dann gehen sie zu ihm hinein und erfahren, dass Opa erkältet ist. Opa hält sich immer wieder mit Daumen und Zeigefinger die Nase und niest herzhaft: „Z – z – z".

Buchstabenfixierung ist in der Jacke des Opas möglich. Das dazugehörige Handzeichen: **Daumen und Zeigefinger an die Nase halten.** Bei den selten vorkommenden *zz* dasselbe mit beiden Händen ausführen.

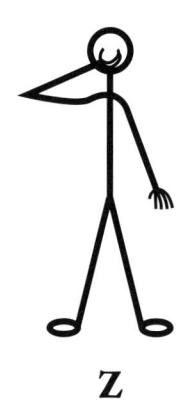

Z

Übungsbeispiele:

Ich komme zu dir.
Ich gehe zum Bäcker.
Er geht zur Schule.

Der Zug fährt ab.
Die Züge fahren schnell.
Der Umzug war schön.

Mein Zahn tut weh.
Ein jeder hat zehn Zehen.
Die Zunge ist rot.

Zehn plus zwei ist zwölf.
Peter ist zornig.
Ich war zuerst da.

Die Zwiebel ist scharf.
Ich habe Zweifel.
Er ist zuverlässig.

Mit dem Zwirn näht man.
Die Vögel zwitschern.

Der Zucker schmeckt süß.

Die Zitrone schmeckt sauer.

Ich habe ein großes Zimmer.

Im Märchen gibt es Zwerge.

An der Grenze ist der Zoll.

Manchmal muss man Zoll zahlen.

Mein Vater hat einen Zollstock.

Der Zoo ist ein Tierpark.

Wir gehen gerne in den Zirkus.

Einige Mädchen tragen einen Zopf.

Die Bäume haben Äste und Zweige.

Wir spenden für einen guten Zweck.

Mit dem Zeugnis bin ich zufrieden.

Er hat mich zufällig gesehen.

Sie musste zweimal einkaufen gehen.

Er hat sich inzwischen zurechtgefunden.

Sie möchte nicht zunehmen.

Jeder Schüler hat einen Zirkel.

Im Kino sind viele Zuschauer.

Intermezzo ist ein Musikstück.

Das Pferd zieht den Wagen.

Der Maler hat einen Skizzenblock.

TZ

42

Die Geschwister besuchen am nächsten Tag wiederum den erkälteten Opa. Da kommt die Katze ins Zimmer, und die Kinder locken sie an, um mit ihr zu spielen. Als dann das Tier mit hoch erhobenem Schweif neben dem Tisch vorbeistolziert, fällt *STENI* etwas ein. Sie ballt die rechte Hand vor dem Körper zur Faust und hebt dabei den Daumen hoch. Als *LEGA* nicht gleich begreift, was sie damit meint, erklärt sie ihm, dass sie soeben die Katze imitiert und ihr Zeichen *tz* – also das *t* und *z* zusammen – bedeuten soll.

Das *tz* am Schweif der Katze und am daneben stehenden Tisch anhängen. Das dazugehörige Handzeichen: **Die zur Faust geschlossene rechte Hand vor den Körper halten und dabei den Daumen ausgestreckt nach oben richten.**

tz

Übungsbeispiele:

Die Katze miaut.
Hier ist mein Platz.
Ich schreibe einen Satz.

Er erzählt gerne Witze.
Der Speer hat eine Spitze.
Er trat in eine Pfütze.

Der Ball flog in das Netz.
Der Blitz ist gefährlich.
Da ist noch ein freier Sitz.

Katzen kratzen mit ihren Krallen.

Die Kinder hetzen über den Schulhof.

Die Metzger wetzen ihre Messer.

Zahlreiche Tiere sind nützlich.

Der Unfall war entsetzlich.

Ein Verlust kann unersetzlich sein.

Der Arzt gab ihm eine Spritze.

Die Eltern sind unsere Stütze.

Die Sträucher muss man stutzen.

In der Hitze schwitzen wir.

Beim Sport kann man sich leicht verletzen.

Er ist trotz seiner Armut immer fröhlich.

Ein paar Freunde sitzen fröhlich beisammen.

Er hat sich schmutzig gemacht.

Der Bär hat große Tatzen.

Die Zwerge graben einen Schatz aus.

Der Spatz ist frech.

Ich spitze meinen Bleistift.

Luftballone platzen leicht.

Nun setzen sich alle.

Die Arbeit ist von Nutzen.

Auf der Straße liegt Schmutz.

Jeder wünscht sich einen Besitz.

Ich putze selbst meine Schuhe.

Man soll jede Gelegenheit nutzen.

Der Herrgott möge uns beschützen.

Im Sommer leiden viele unter der Hitze.

TZT

43

Jetzt ist aber *LEGA* wachsam. Als ihm *STENI* ihre nächste Erfindung zeigt, weiß er gleich die Bedeutung: „Wenn du das *tz* zeigst und dann mit der anderen Hand noch daran schlägst, ja dann kann es nur ein *tzt* bedeuten", muss *STENI* ihm Recht geben.

Die Buchstabenfixierung kann auf der Fußbodenleiste erfolgen. Das dazugehörige Handzeichen: **Rechte Faust vor den Körper halten, dabei den Daumen nach oben richten, und mit der linken flachen Hand kurz von unten her daraufschlagen.**

tzt

114

Übungsbeispiele:

Seppi hat geschwätzt.
Er hat sich verletzt.
Die Naht ist aufgeplatzt.

Die Katze hat mich gekratzt.

Der Wagen ist besetzt.

Bitte setzt euch nieder!

Der Ballon platzt leicht.

Draußen hat es geblitzt.

Udo sitzt auf seinem Platz.

Die Bleistifte sind gespitzt.

Ich habe meine Zähne geputzt.

Er hat seine Hose verschmutzt.

Lügen nützt nichts!

Sie hat sich stark erhitzt.

Das Auto hat den Schmutz hochgespritzt.

Wir haben unsere Zeit gut ausgenützt.

Das Kleid ist schon abgenutzt.

Er hat mir alles verpatzt.

Er hat mir den Schaden ersetzt.

Die Messer sind gewetzt.

Der Verletzte ist schon beim Arzt.

Wer zuletzt lacht, lacht am besten.

Der Hund hatte das Wild gehetzt.

Der Maurer verputzt das Haus.

Der Ochse glotzt uns an.

Der Schirm schützt vor dem Regen.

Der Dieb sitzt im Gefängnis.

Wir haben dem Wetter getrotzt.

Die Schüler haben geschwänzt.

Der Gärtner stutzt die Sträucher.

Der letzte Monat im Jahr heißt Dezember.

Zuletzt lachten alle.

Hoffentlich hat sich niemand verletzt.

Jetzt machen wir eine kurze Pause.

X

44

Es hat geregnet, die Straßen sind schmutzig. Die Kinder erwarten einen Freund. Als es an der Wohnungstür läutet und *LEGA* die Tür öffnet, steht der Freund da. Er kreuzt seine Arme vor der Brust und sagte feierlich: „Xaver ist da!" *LEGA* erwidert aber sogleich: „Xaver, kratz zuerst deine Haxen ab, damit du uns keinen Dreck in die Wohnung bringst!" (*Haxen* ist bairische Mundart für Füße und Beine)

Lautmarkierung auf den überkreuzten Armen des Freundes auf der Abbildung. Dazugehöriges Handzeichen: **Beide Arme vor der Brust kreuzen.**

X

Übungsbeispiele:

Xaver ist ein braver Schüler.

Auch Max ist ein guter Junge.

Er fährt öfter mit dem Taxi.

Im Buch steht ein schöner Text.

Es ist manchmal wie verhext.

In der Schule darf man keine Faxen machen.

Der Boxer trägt einen harten Kampf aus.

Julius schaut im Lexikon nach.

Der Luxus ist sehr teuer.

Luxemburg liegt an der Grenze zu Deutschland.

Rex Gildo war ein Sänger.

Die Mutter hat einen Mixer.

Im Märchen gibt es Hexen.

Ich bin heute fix und fertig.

Der Baum wird mit einer Axt gefällt.

Eine Schweinshaxe schmeckt lecker.

Max boxt schon ganz tüchtig.

Alexander ist ein schöner Name.

QU

45

LEGA und *STENI* kommen an einem Weiher vorbei, in dem Frösche quaken. Sie sind ganz fasziniert und beobachten dieses Treiben in der Natur. Besonders gefällt ihnen ein größerer Frosch, der in ihre Richtung sieht und immer wieder quakend das Maul bewegte. Die Kinder machen dann voller Übermut das *Qu*aken der Tiere nach.

Um den Kopf des Frosches lässt sich das **Q** anbringen und daneben das *u*. Das dazugehörige Handzeichen: **Hand vor den Körper halten. Mit dem Daumen (unten) und den geschlossenen vier anderen Fingern (oben) das Öffnen und Schließen des Froschmaules nachahmen.**

qu

Übungsbeispiele:

Der Frosch quakt im Weiher.
Quark essen ist gesund.
Die Schule ist keine Qual.

Die Tür quietscht.
Der Schornstein qualmt.
Er überquert die Straße.

Der Qualm stört beim Atmen.
Das Zimmer ist quadratisch.
Im Meer gibt es Quallen.

Der Fluss entspringt aus einer Quelle.

Wir lernen über das Quadrat.

Die Qualität der Ware ist wichtig.

Am Vorhang hängen Quasten.

In der Küche steht ein Quirl.
Jetzt sind wir quitt.

Quäle nie ein Tier aus Scherz!

Manche Leute quatschen viel.
Er quietschte vor Vergnügen.
Zuweilen ist er ein Quälgeist.

Die Quitte ist ein Obst.

Nicht quer über die Straße gehen

Sie quetscht eine Zitrone aus.

Im Thermometer kann Quecksilber sein.

Die Schweinchen quieken im Stall.

Der Verkäufer stellt eine Quittung aus.

Wir fanden ein schönes Quartier.

Ein Bekannter hat im Quiz gewonnen.

Der Mann hat verquollene Augen.

C

Der Opa hat ein Prachtexemplar von Schäferhund. Die Kinder kommen zu Besuch und begrüßen zuerst den Hund. Dieser hat seine Rute so aufgestellt, dass sie eine leichte Krümmung bildet. Da sagt *LEGA* begeistert zu *STENI*: „Schau mal, der *C*äsar hat seinen Anfangsbuchstaben geschrieben!"

An der gekrümmten Rute des Hundes kann man den neuen Buchstaben **C** anbringen. Das dazugehörige Handzeichen: **Die Hand vor den Körper halten, den Daumen unten etwas waagrecht und die übrigen geschlossenen Finger leicht gekrümmt.** Benützt man die linke Hand, sieht man vor sich ein **C**.

c

Übungsbeispiele:

Unser Schäferhund heißt Cäsar.

Carmen und Centa sind quicklebendig.

Celle ist eine Stadt an der Aller.

Ein Euro hat hundert Cent.

Das Wasser kocht bei hundert Grad Celsius.

Cicero war ein Römer.

Wie *k* ausgesprochen:

Claudia kann gut stricken.

Eine Zeitschrift heißt Constanze.

Sie hat sich eine gute Creme gekauft.

Coca Cola ist ein Getränk.

Ich möchte ein Croissant.

Ein Computer ist teuer.

Zum Frühstück esse ich Cornflakes mit Milch.

Manche Kinder lesen gerne Comics.

Abends sitzen wir auf der Couch und spielen Karten.

Der Clown tritt im Zirkus auf.

Die Caritas sammelt für die Armen.

Coburg ist eine schöne Stadt.

Der Müll kommt in einen Container.

Jedes Flugzeug hat ein Cockpit.

Caruso war ein italienischer Tenor.

Sie singt in einem Chor mit Carmen.

Am Sonntag fahren wir mit dem Cabrio.

Y

47

Eines Tages hüpft *LEGA* während der Lernstunde zu Hause von seinem Stuhl auf, streckt freudestrahlend beide Arme in die Höhe und jubelt. *STENI* ist zunächst ganz verwirrt, aber dann ahnt sie, was ihr Bruder damit meint. Sie sagt darauf: „Ich weiß, was du meinst – das ist der letzte Buchstabe, den wir lernen müssen: ein *Y*"

Die hochgeworfenen Arme und der Oberkörper ergeben das **Y** in Druckschrift. Die Lautmarkierung lässt sich jedoch ebenso auf dem geschlossenen Lehrbuch, welches *STENI* in der ausgestreckten Hand hält, vornehmen. Das dazugehörige Handzeichen: **Beide Oberarme etwas schräg nach außen hochhalten.**

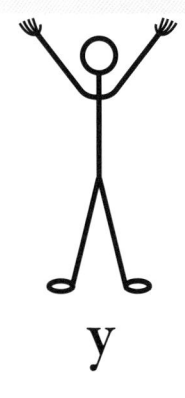

y

Übungsbeispiele:

Wie *j* ausgesprochen:

Ich mag gerne Yoghurt.

Manche Menschen betreiben Yoga.

Mein Onkel hat eine Yacht.

Reinhold Messner hat einen Yeti gesehen.

Wie *ü* ausgesprochen:

Mit Ytong kann man auch ein Haus bauen.

Der letzte Selbstlaut heißt Ypsilon.

Ein neuer Autotyp ist herausgekommen.

Der Hybridmotor spart Energie.

Die hydraulische Bremse geht leichter.

Die Feuerwehrleute suchen sofort den Hydranten.

Der Arzt reinigt seine Hände hygienisch.

Lydia ist ein Mädchenname.

Wie *i* ausgesprochen:

Yvonne ist am Telefon.

Sylvia ist immer fleißig.

Die bayerischen Alpen sind schön.

Sydney ist die Hauptstadt von Australien.

Die Cowboys leben in Amerika.

Wir spielen mit einem Joystick.

Wie *ei* ausgesprochen:

Mein Großvater hat einen Bypass bekommen.

Die Nylonfaser wird chemisch hergestellt.

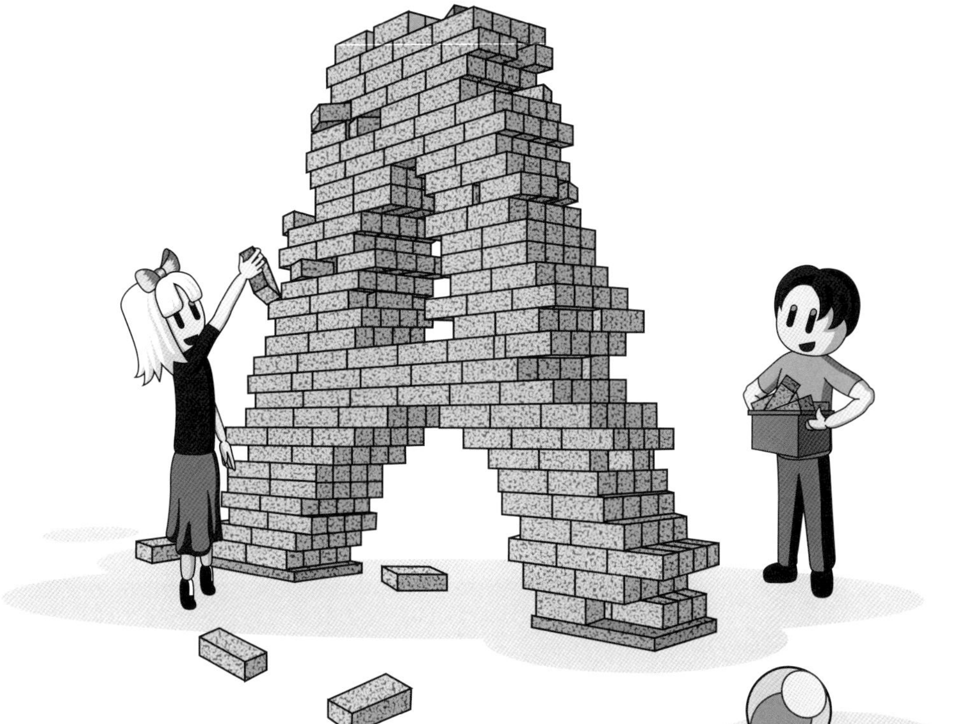

Damit endet dieses Werk. Wer mit seinen Schülern bis hierher gekommen ist, hat sicher eine große Leistung vollbracht. Der- / Diejenige hat sich vom Lehrplan entfernt und einer neuen, aber ebenso altbewährten Methode anvertraut, die sicher zum Ziel führt. Wenn alle Schulen nach dieser Methode lehren würden, gäbe es keine Legastheniker, und der Staat würde sich die Kosten für Förderstunden sparen.

Die Herausgeberin freut sich über Erfahrungsberichte, die ins Gästebuch auf der Homepage des Rottenbücher Verlages eingetragen werden können und auf diese Weise allen anderen Eltern und Lehrern zugänglich sind.

Auch Anregungen und Ergänzungen dürften hilfreich sein und sind willkommen.

www.rottenbücher-verlag.de

NOTIZEN

NOTIZEN